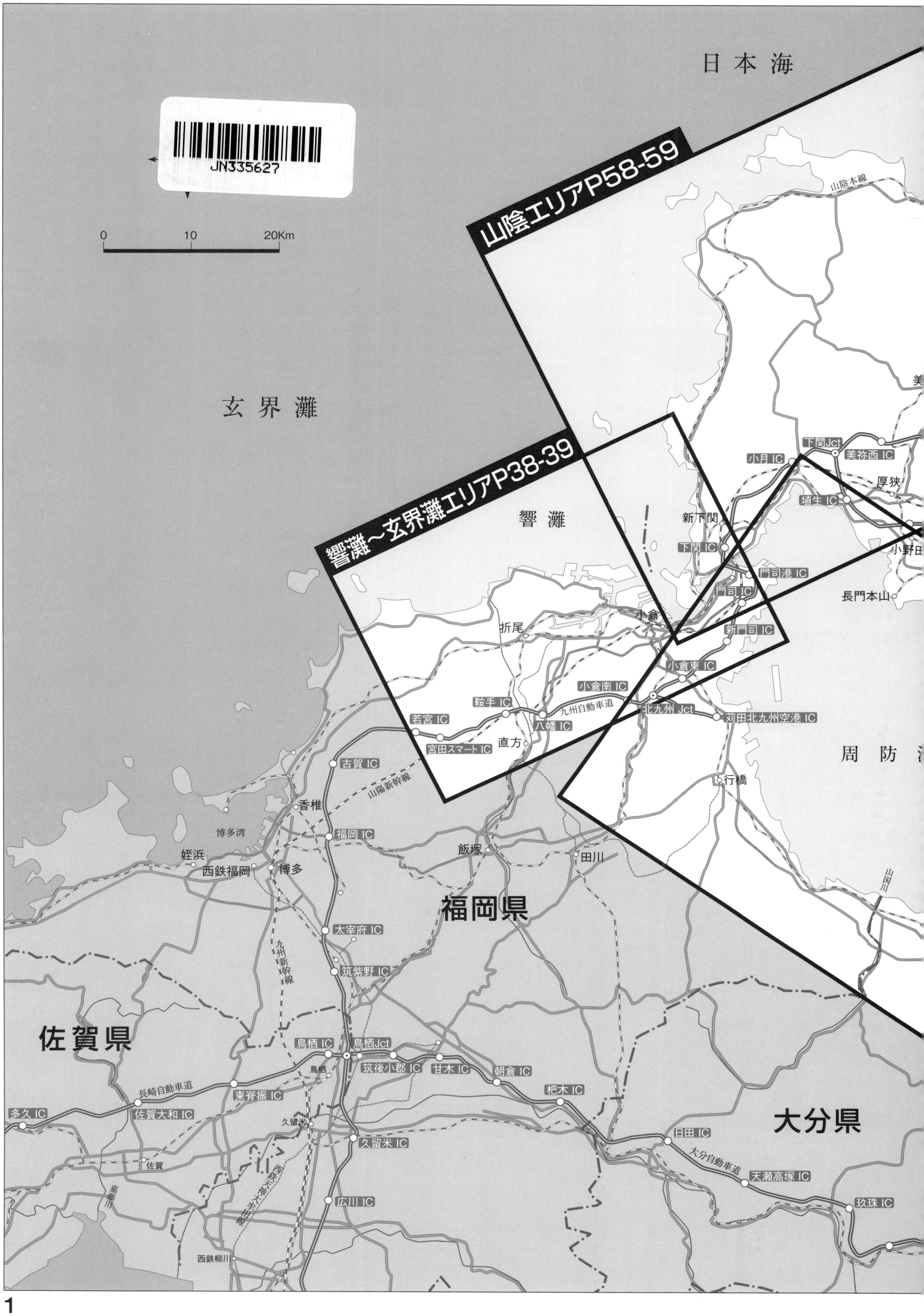

日本海
山陰エリアP58-59
響灘～玄界灘エリアP38-39
玄界灘
響灘
周防灘
0
10
20Km
山陰本線
小月 IC
下関Jct
美祢西 IC
厚狭
埴生 IC
新下関
下関 IC
小野田
門司港 IC
門司 IC
長門本山
小倉
折尾
新門司 IC
小倉東 IC
小倉南 IC
鞍手 IC
九州自動車道
若宮 IC
八幡 IC
北九州 Jct
苅田北九州空港 IC
宮田スマート IC
直方
古賀 IC
山陽新幹線
行橋
香椎
博多湾
福岡 IC
飯塚
姪浜
田川
西鉄福岡
博多
福岡県
太宰府 IC
九州新幹線
筑紫野 IC
佐賀県
鳥栖 IC
鳥栖Jct
鳥栖
筑後小郡 IC
甘木 IC
朝倉 IC
長崎自動車道
東脊振 IC
杷木 IC
多久 IC
佐賀大和 IC
久留米
大分県
久留米 IC
日田 IC
大分自動車道
佐賀
西鉄天神大牟田線
天瀬高塚 IC
嘉瀬川
広川 IC
玖珠 IC
西鉄柳川
山国川

周防灘エリア

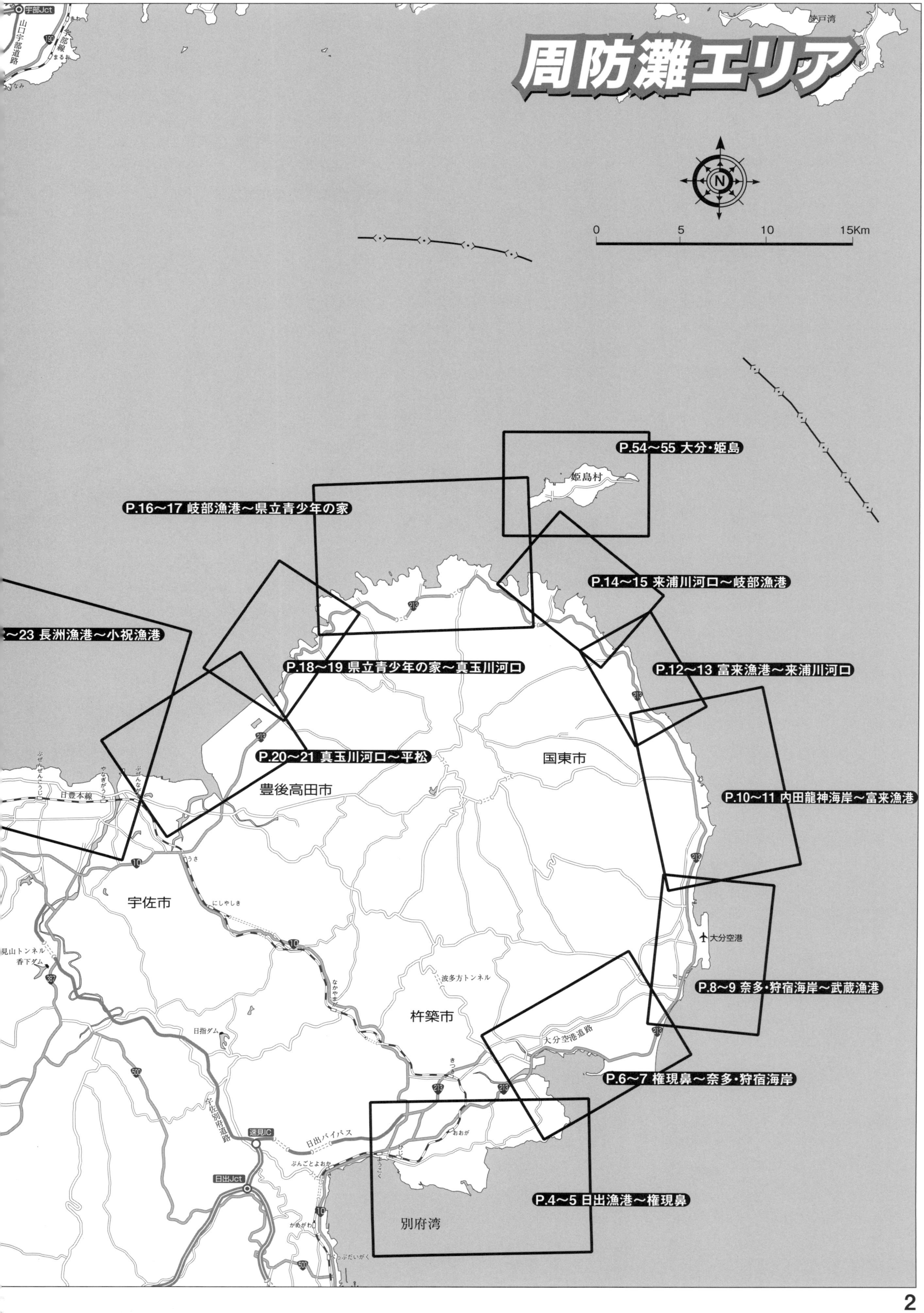

宇部Jct
山口宇部道路
宇部線
190
0
5
10
15Km
N
P.54～55 大分・姫島
姫島村
P.16～17 岐部漁港～県立青少年の家
P.14～15 来浦川河口～岐部漁港
～23 長洲漁港～小祝漁港
P.18～19 県立青少年の家～真玉川河口
P.12～13 富来漁港～来浦川河口
P.20～21 真玉川河口～平松
国東市
豊後高田市
日豊本線
P.10～11 内田龍神海岸～富来漁港
宇佐市
大分空港
見山トンネル
香下ダム
波多方トンネル
P.8～9 奈多・狩宿海岸～武蔵漁港
杵築市
日指ダム
大分空港道路
P.6～7 権現鼻～奈多・狩宿海岸
宇佐別府道路
速見IC
日出バイパス
日出Jct
P.4～5 日出漁港～権現鼻
別府湾
213
10
500

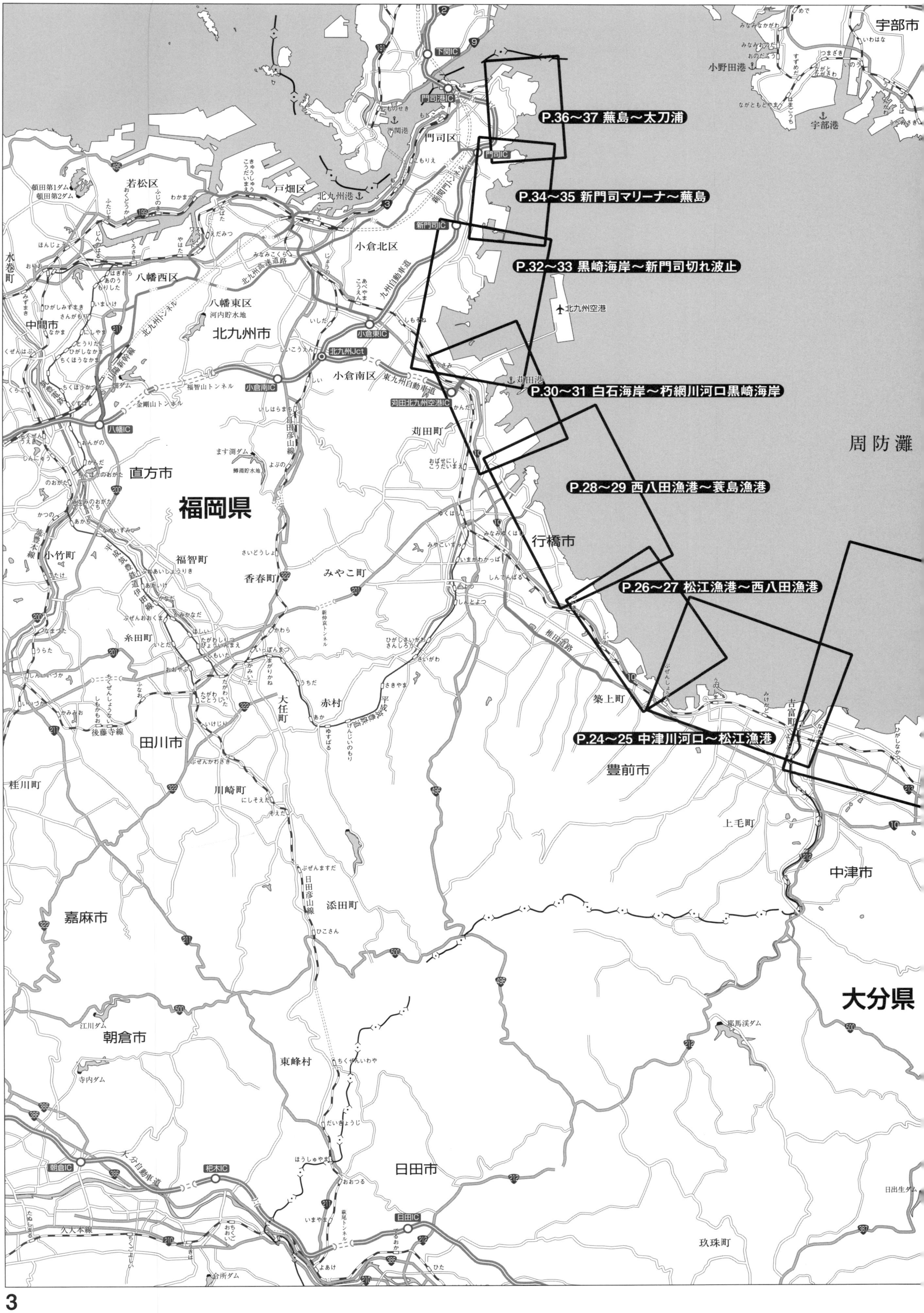

P.36～37 蕪島～太刀浦
P.34～35 新門司マリーナ～蕪島
P.32～33 黒崎海岸～新門司切れ波止
P.30～31 白石海岸～朽網川河口黒崎海岸
P.28～29 西八田漁港～蓑島漁港
P.26～27 松江漁港～西八田漁港
P.24～25 中津川河口～松江漁港
福岡県
大分県
周防灘
宇部市
宇部港
小野田港
下関IC
門司港IC
下関港
門司区
門司IC
北九州港
若松区
戸畑区
小倉北区
新門司IC
八幡西区
八幡東区
北九州市
北九州空港
水巻町
中間市
小倉東IC
北九州Jct
小倉南区
小倉南IC
苅田港
苅田北九州空港IC
苅田町
八幡IC
直方市
行橋市
福智町
香春町
みやこ町
小竹町
糸田町
大任町
赤村
築上町
豊前市
田川市
桂川町
川崎町
上毛町
吉富町
中津市
添田町
嘉麻市
朝倉市
東峰村
日田市
朝倉IC
杷木IC
日田IC
玖珠町
九州自動車道
東九州自動車道
北九州高速道路
椎田道路
大分自動車道
日田彦山線
平成筑豊鉄道
後藤寺線
久大本線
福智山トンネル
河内貯水地
耶馬渓ダム
寺内ダム
江川ダム
合所ダム
日出生ダム
頓田第1ダム
頓田第2ダム

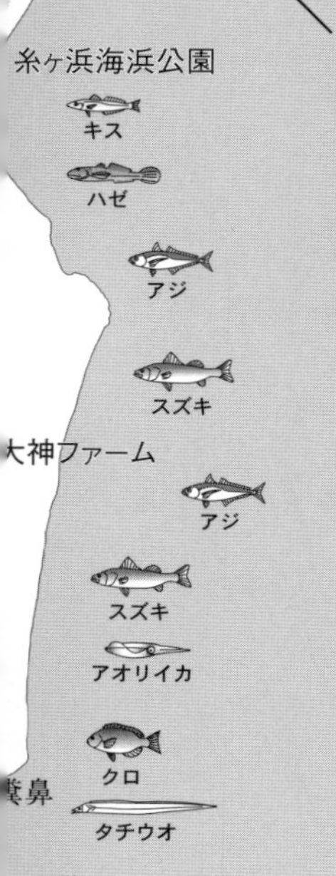

この一帯から国東半島を北上するにしたがって砂泥底の遠浅の海岸線が続く。さらに、沿岸には釣り座を取りにくい角テトラが重層的に投入されている。漁港の外側もその例にもれない。ただし、テトラはメバルやアラカブ、アイナメの隠れ家になることから、安全を第一にポイントを開拓すれば自分だけの好スポットを見つけられる。

加貫《かぬき》漁港

大波止と内波止で構成された規模の大きな漁港。赤灯台がある大波止の外側には根元から先端までテトラが投入されており、釣り座を構えるのは厳しい。釣りは大波止内側か内波止、港内がメインになる。しかし、それでも充分アジやメバル、チヌ、アオリイカなどの実績がある。特に夜間はチェックすべきところが多い。

伊予灘

真那井《まない》漁港

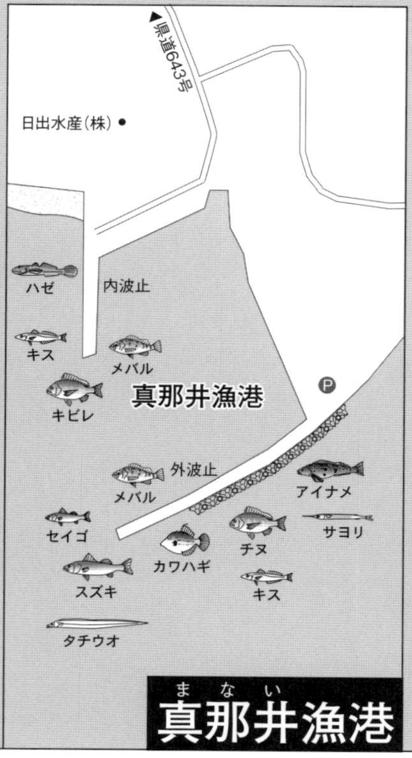

サーフ、潟、岩礁帯と底質が変化していくところに存在する漁港。外波止は干満を問わず釣りができるが、内波止周辺は浅めであることから満潮前後に釣行するとよい。国東半島の釣り場は総じてテトラがびっしりと投入されており、ここも例外ではない。危険を冒さずに釣りを楽しむようにしたい。

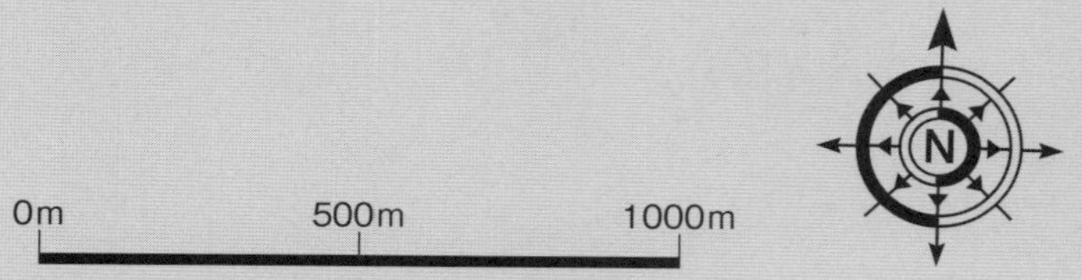

日出漁港～権現鼻

規模が大きく、西側の漁港、東側の岸壁ともに水深があり、チヌ、アオリイカ、青ものなどさまざまな魚種をねらってジャンルを問わず釣りが楽しめる。人気があるのは東側の岸壁で、特にアジの実績が高い。岸壁からのびた赤灯波止は切れ波止だが、岸壁とテトラでつながっている。沖には四本の沖波止があり、渡船で釣行可能。フカセ釣りのクロに加えてルアーやエギングでタチウオ、アオリイカがねらえる。

日出漁港

奥行きのある入り江にたたずむ漁港で、メインは入り江の出入り口に設置された牧の内波止。波止の根元からヘの字付近までテトラがびっしり投入されているため要注意。チヌ、クロ、アラカブ、メバルなどの居着きの魚に加えてタチウオやヤズといった回遊性の強い魚も期待できる。ふれあい公園前の岸壁からも釣りはでき、ファミリーに最適な場所。

大神漁港

渡 北村丸 TEL090-8353-7546
渡 こじま TEL0977-72-6859

近藤釣具店 TEL0977-72-485
フィッシングタックル＆クラフトショップギアー TEL0977-72-6205

権現鼻《ごんげんばな》～奈多《なた》・狩宿《かりやど》海岸《かいがん》

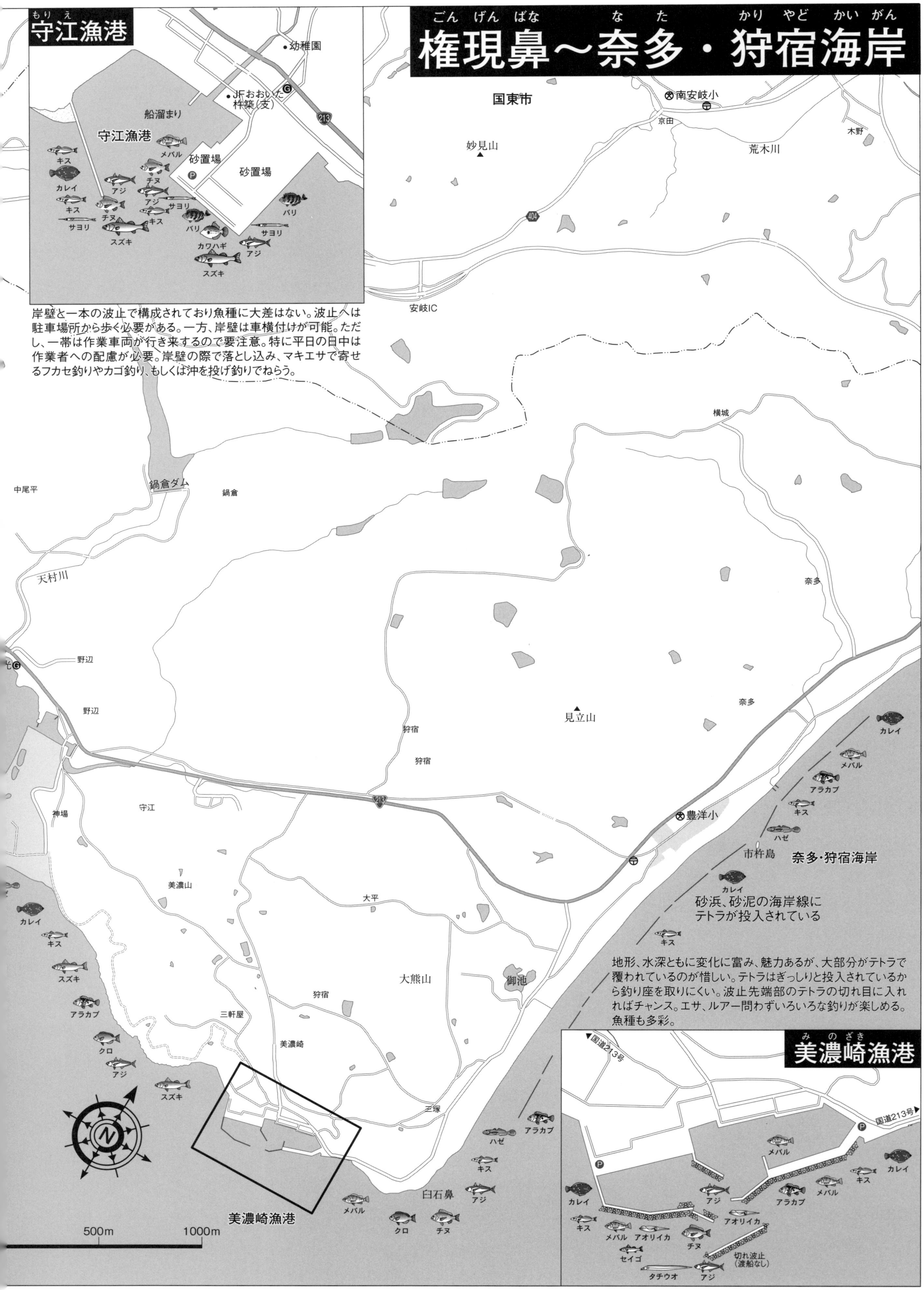

岸壁と一本の波止で構成されており魚種に大差はない。波止へは駐車場所から歩く必要がある。一方、岸壁は車横付けが可能。ただし、一帯は作業車両が行き来するので要注意。特に平日の日中は作業者への配慮が必要。岸壁の際で落とし込み、マキエサで寄せるフカセ釣りやカゴ釣り、もしくは沖を投げ釣りでねらう。

地形、水深ともに変化に富み、魅力あるが、大部分がテトラで覆われているのが惜しい。テトラはぎっしりと投入されているから釣り座を取りにくい。波止先端部のテトラの切れ目に入ればチャンス。エサ、ルアー問わずいろいろな釣りが楽しめる。魚種も多彩。

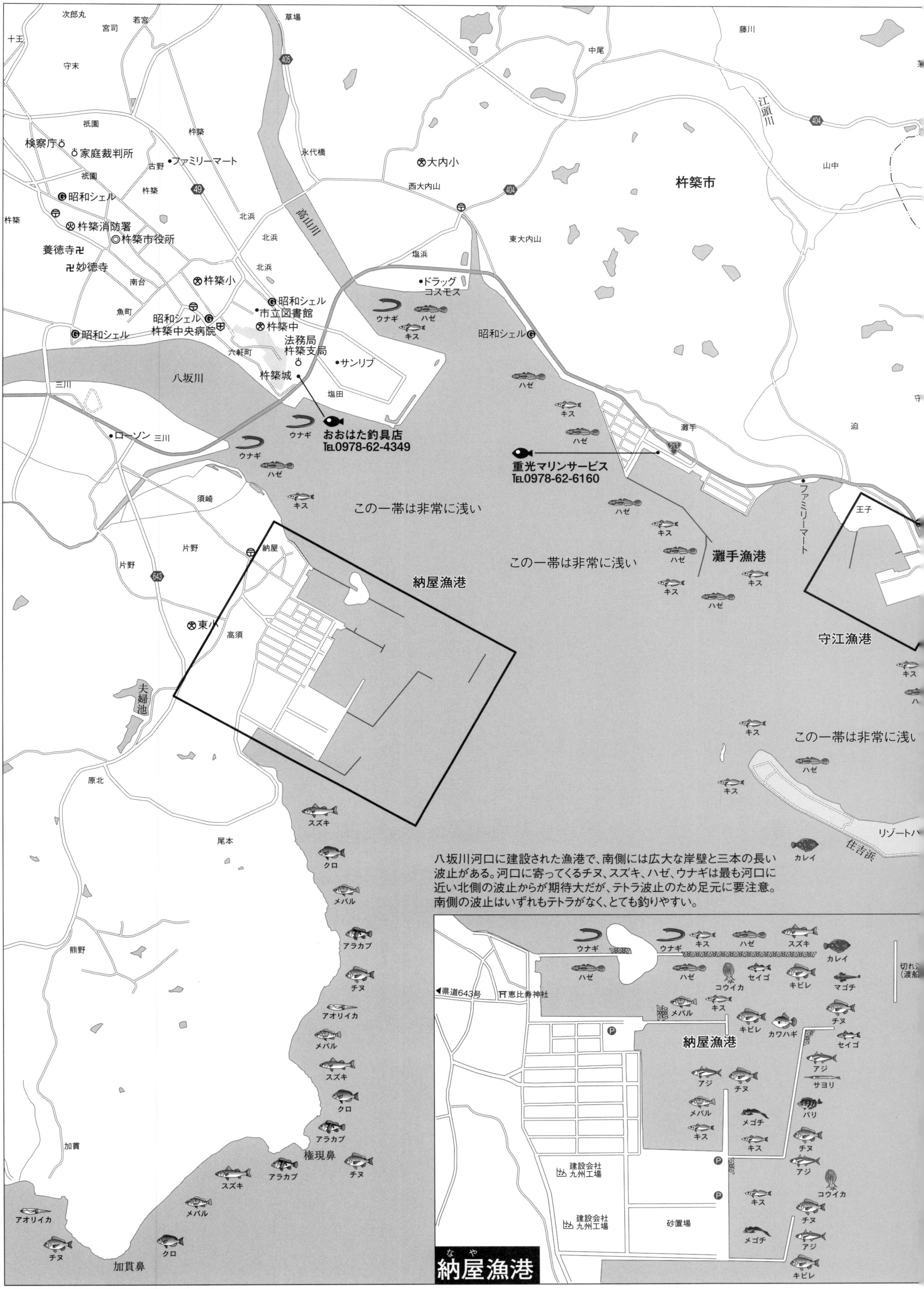

八坂川河口に建設された漁港で、南側には広大な岸壁と三本の長い波止がある。河口に寄ってくるチヌ、スズキ、ハゼ、ウナギは最も河口に近い北側の波止からが期待大だが、テトラ波止のため足元に要注意。南側の波止はいずれもテトラがなく、とても釣りやすい。

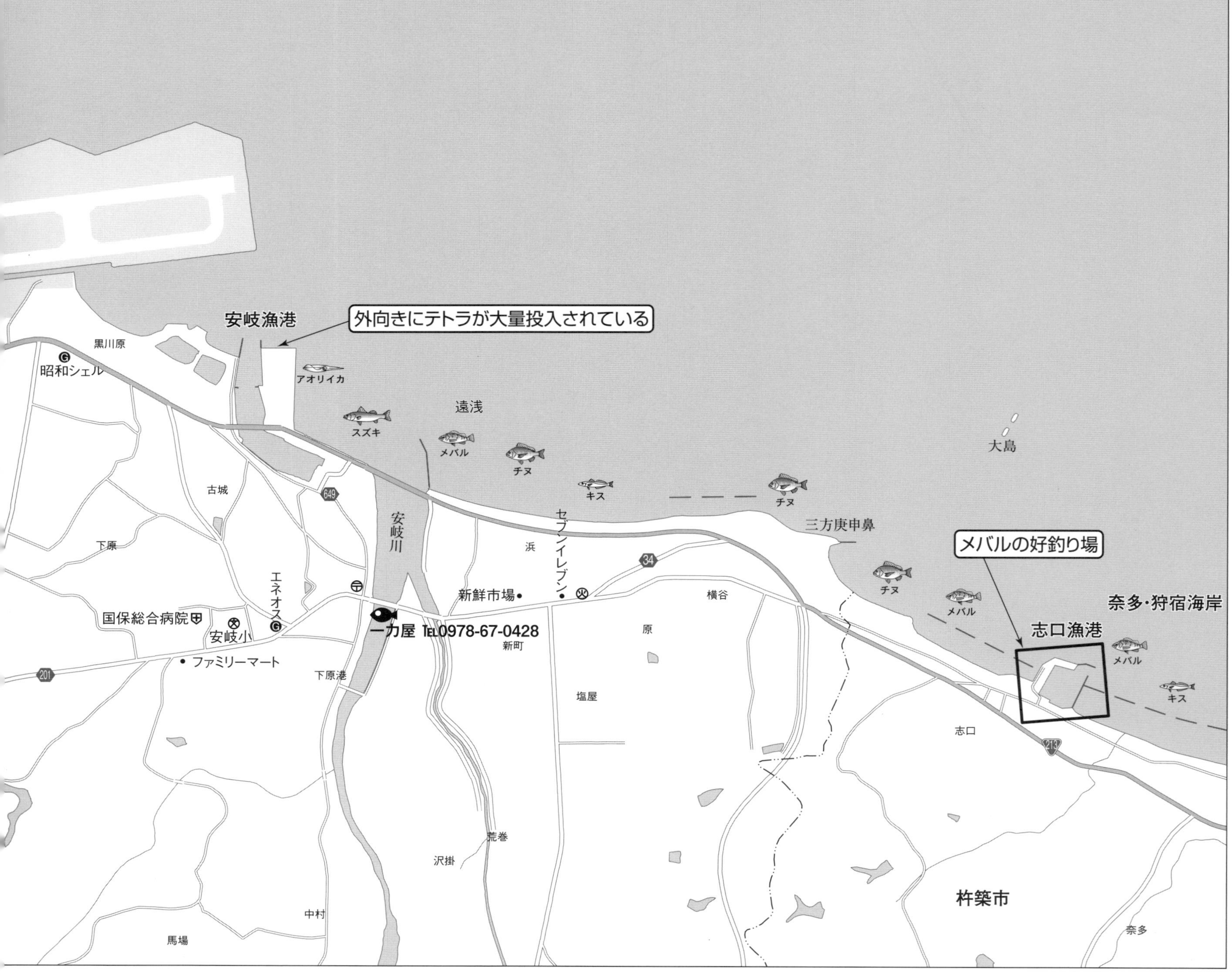

志口《こころざしぐち》漁港

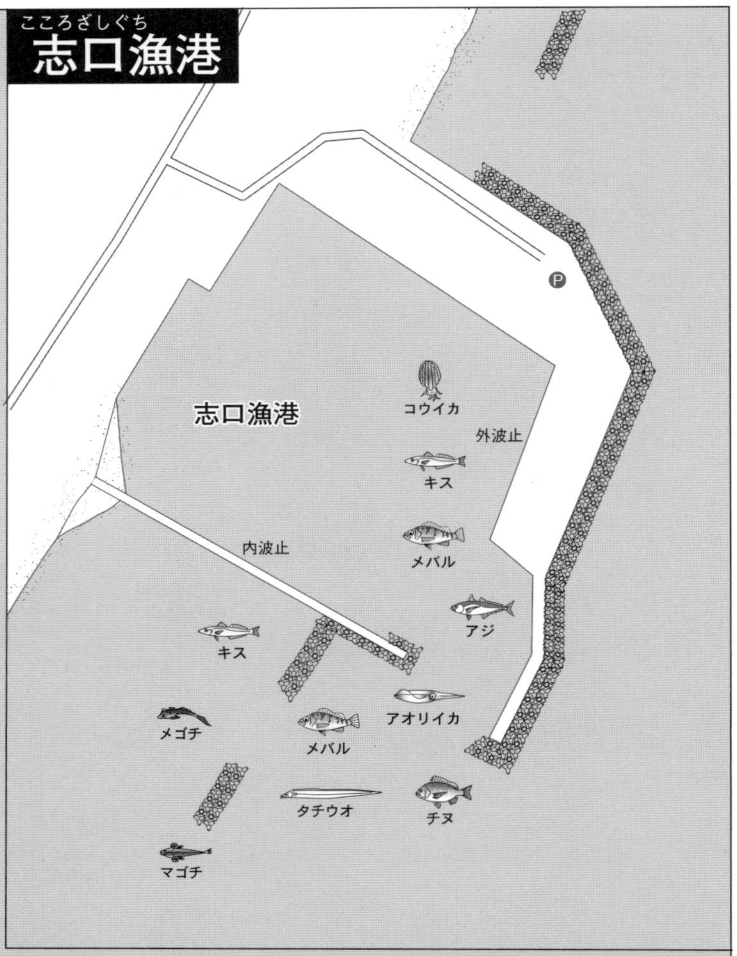

サーフにぽつんと存在しており、漁港周りに投入されたテトラが漁礁となって多くの魚を集めている。干潮時は、水深の関係から漁港の出入り口付近に分がある。満潮時であれば釣り座の選択肢が広がり、フカセやルアーなど釣り方もさまざまに選べる。テトラは角型で非常に立ちづらく、踏み込むのは危険。

武蔵《むさし》漁港

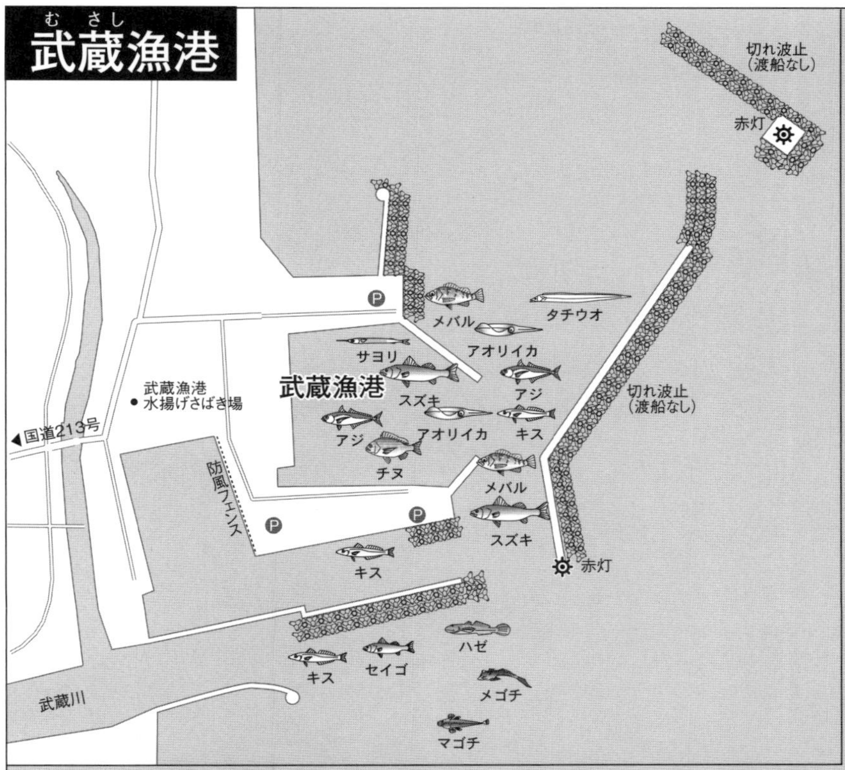
切れ波止
(渡船なし)
赤灯
メバル
タチウオ
サヨリ
アオリイカ
武蔵漁港
スズキ
アジ
切れ波止
(渡船なし)
武蔵漁港
水揚げさばき場
◀国道213号
アジ
アオリイカ
キス
チヌ
防風フェンス
メバル
スズキ
赤灯
キス
ハゼ
キス
セイゴ
メゴチ
武蔵川
マゴチ

二本の沖波止で漁港が守られ、漁港の波止にテトラが少ない点がよい。また、駐車スペースから釣り座まで近いことも美点の一つ。二本ある波止の先端から沖を釣るスタイルが定石で、時間帯や潮位に応じて港内へと探っていくとよい。

大分空港
潮通し加減とベイト次第で青もの
武蔵漁港
フェンスで遮られている
ところが多く釣りには不向き
マリンピアむさし
キス
スズキ
チヌ
カレイ
キス
行者原
大海田
海浜公園
極めて浅い
大海田
213
藤本
ローソン
ファミリーマート
連仏
404
糸原
古市
はりま
201
201
田中
原
赤禿
国東市
御霊社
宮本
モービル
花山
古市
武蔵図書館
寺脇
武蔵庁舎
内田
武蔵東小
大上
小城川
古市
今市
武蔵川
小城

奈多《なた》・狩宿《かりやど》海岸《かいがん》〜武蔵漁港《むさしぎょこう》

王子ヶ浜の波止

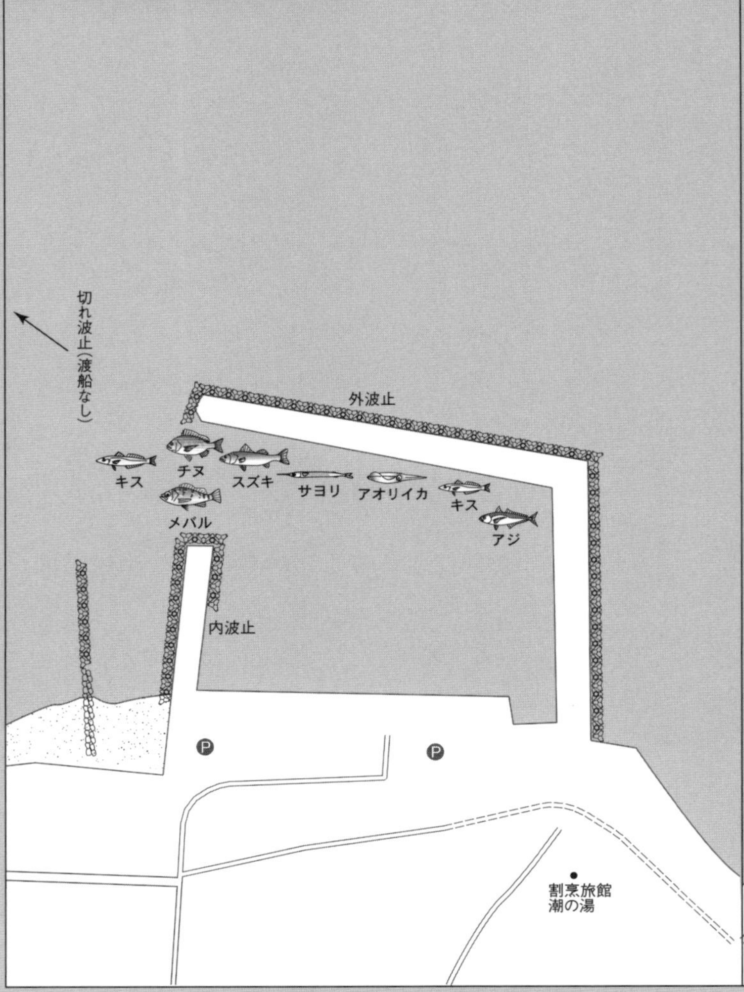

外波止と内波止で構成されており、外波止の外側には角テトラがびっしりと投入されている。よって釣りは港内向き主体になる。しかし、フカセ、ルアー、エギング、チョイ投げなど幅広く楽しむことができる。内波止周辺は遠浅であることから、投げ釣りや満潮時のルアー、エギングが主体。

平床漁港

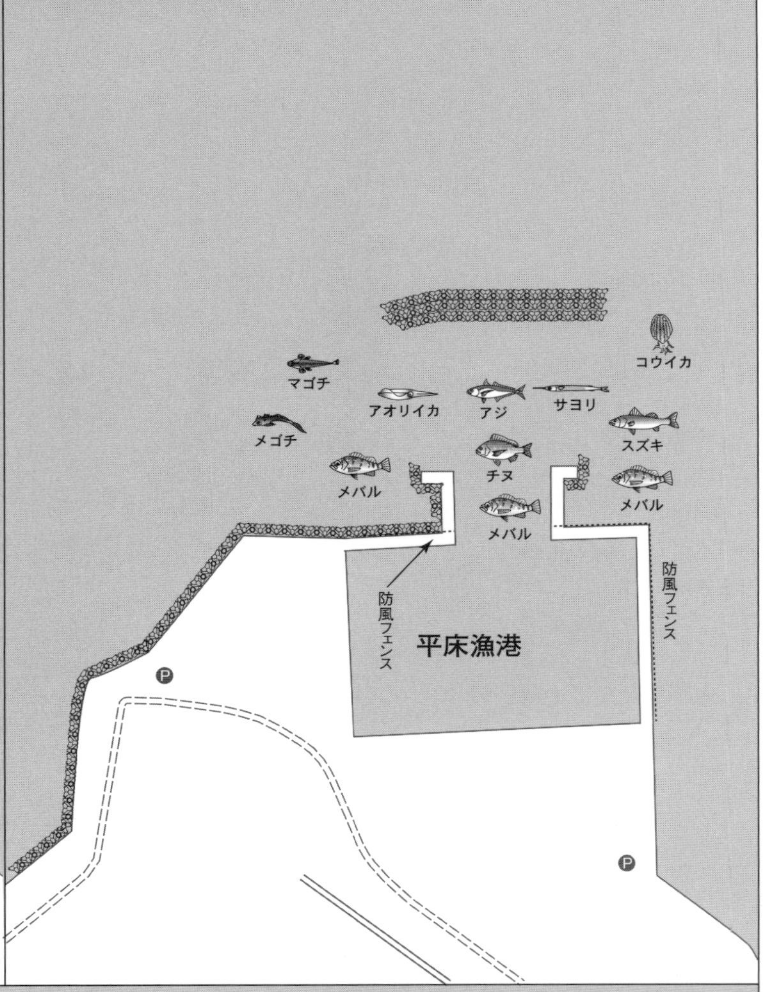

全体的に水深は浅めながら、切れ波止との水道は干潮時でも釣りが可能で、ポイントを絞りやすい。こぢんまりとした釣り場なので特にルアーアングラーは短時間で全体をチェックできる。西風に強いことも特徴の一つ。

浅い沿岸に角型のテトラがぶ厚く投入されており、釣り場としての魅力はない

内田龍神海岸～富来漁港

北江漁港 （きたえ）

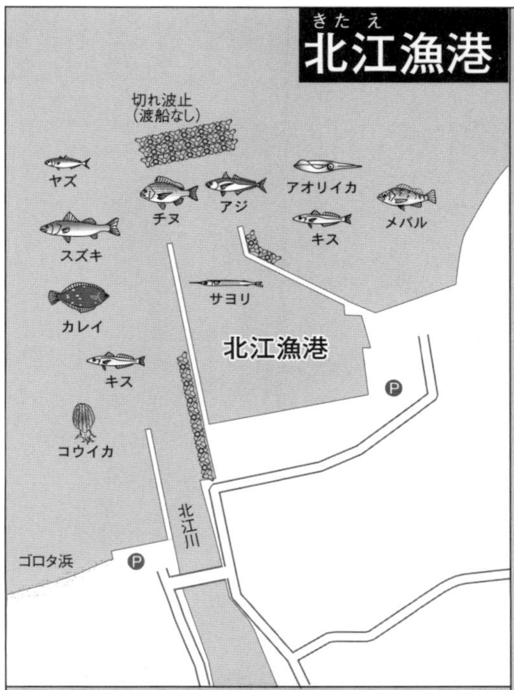

北江川という小河川が注ぐ漁港。川に沿って波止がのびている。河口一帯は干潮時に海底が露出するほどの水深のため、どの釣りをするにしても遠投が必要。波止の先端に釣り座を構えるとよい。沖向きを釣ればフカセ釣りやルアーのアジ、チヌ釣りができる。ベイト次第だがヤズの回遊もあり、あなどれない釣り場。

国東港 （くにさき）

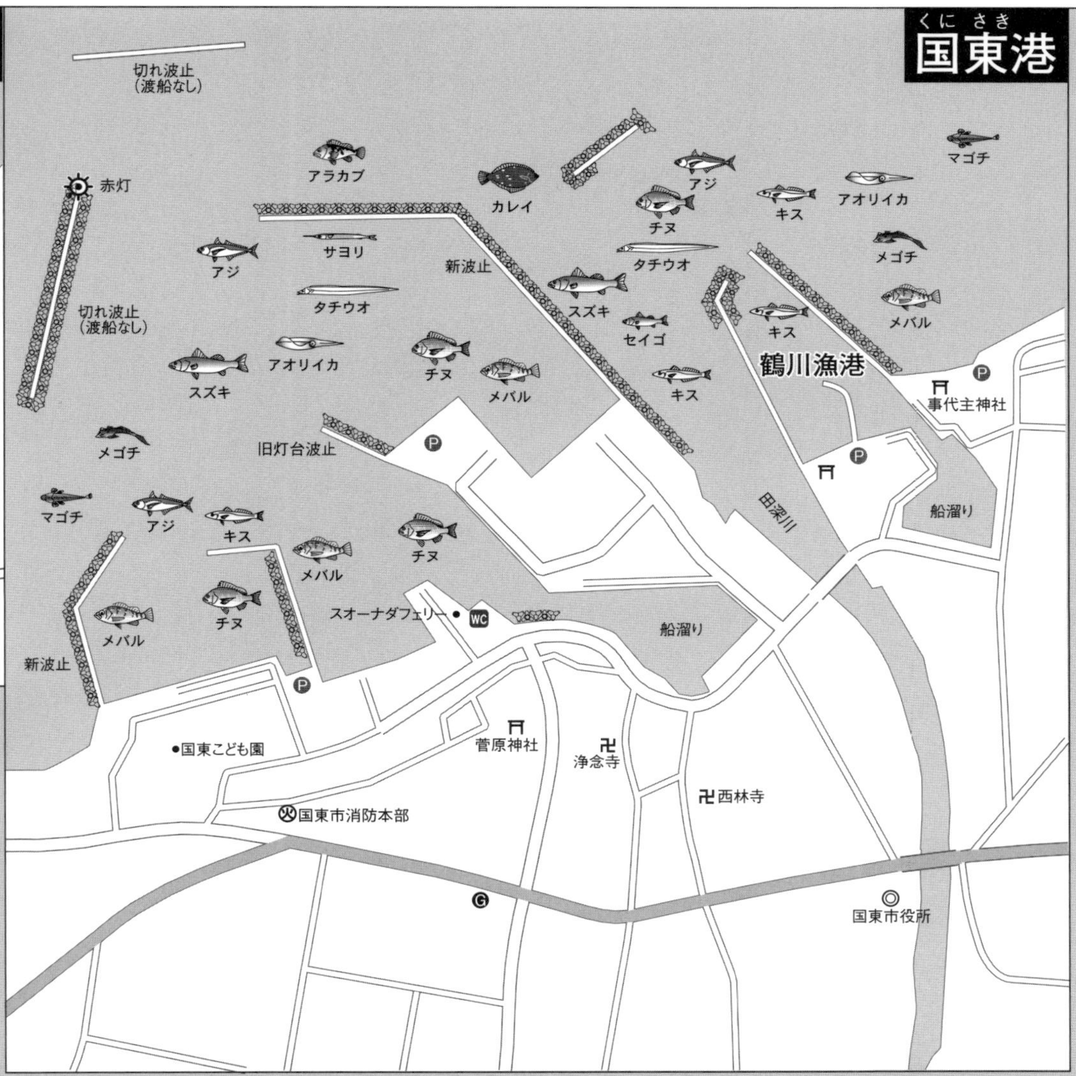

日出港、伊美港と並び、国東半島で最大規模を誇る港。岸壁、波止、河口絡みと釣り場の表情は多彩で、それに釣果がともなう。タチウオの実績が高く、釣り場の全域でねらえる。アベレージサイズは指3〜4本弱。タチウオは国東半島東岸の名物の一つ。

多魚種がねらえる好釣り場

北江〜平床まで釣り場が並ぶように点在しているため、ルアー釣りではランガンの効率がよい

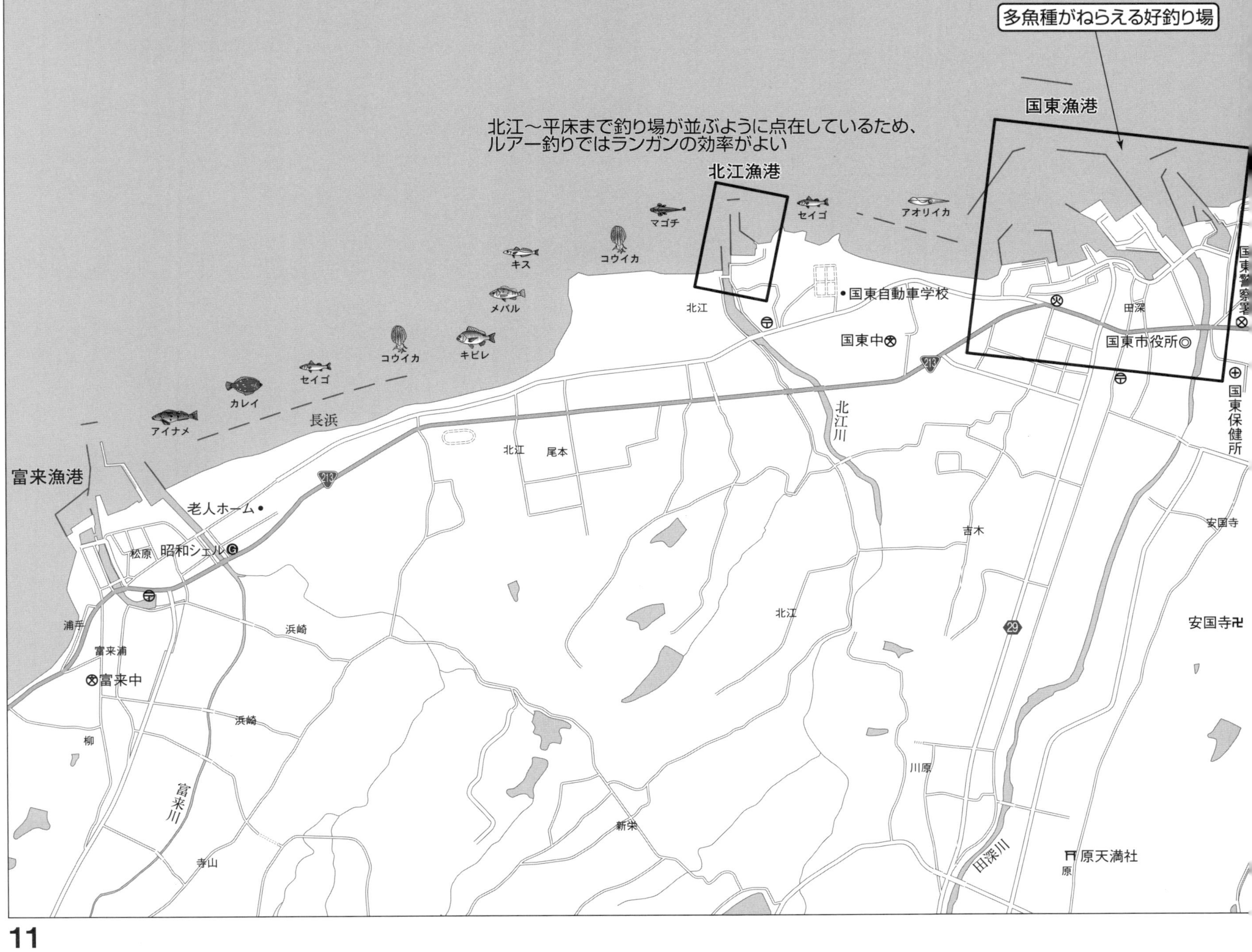

塩屋漁港 (しおや)

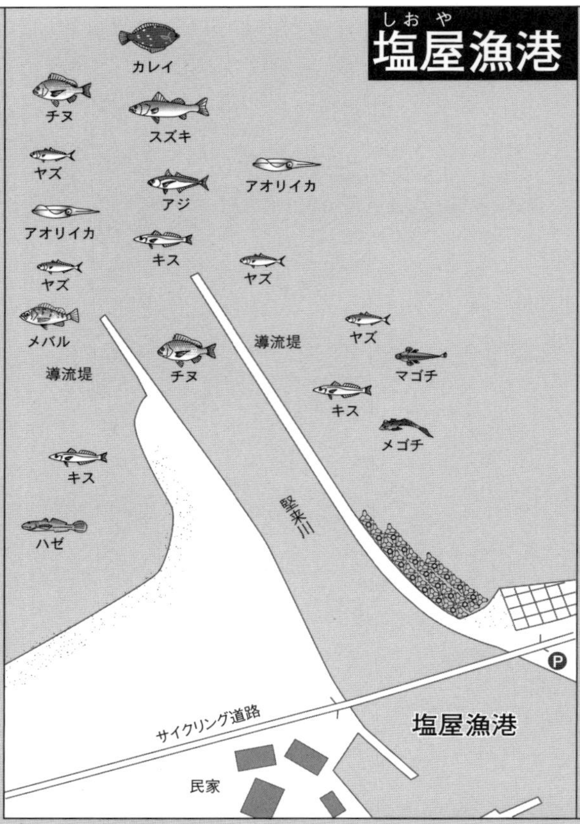

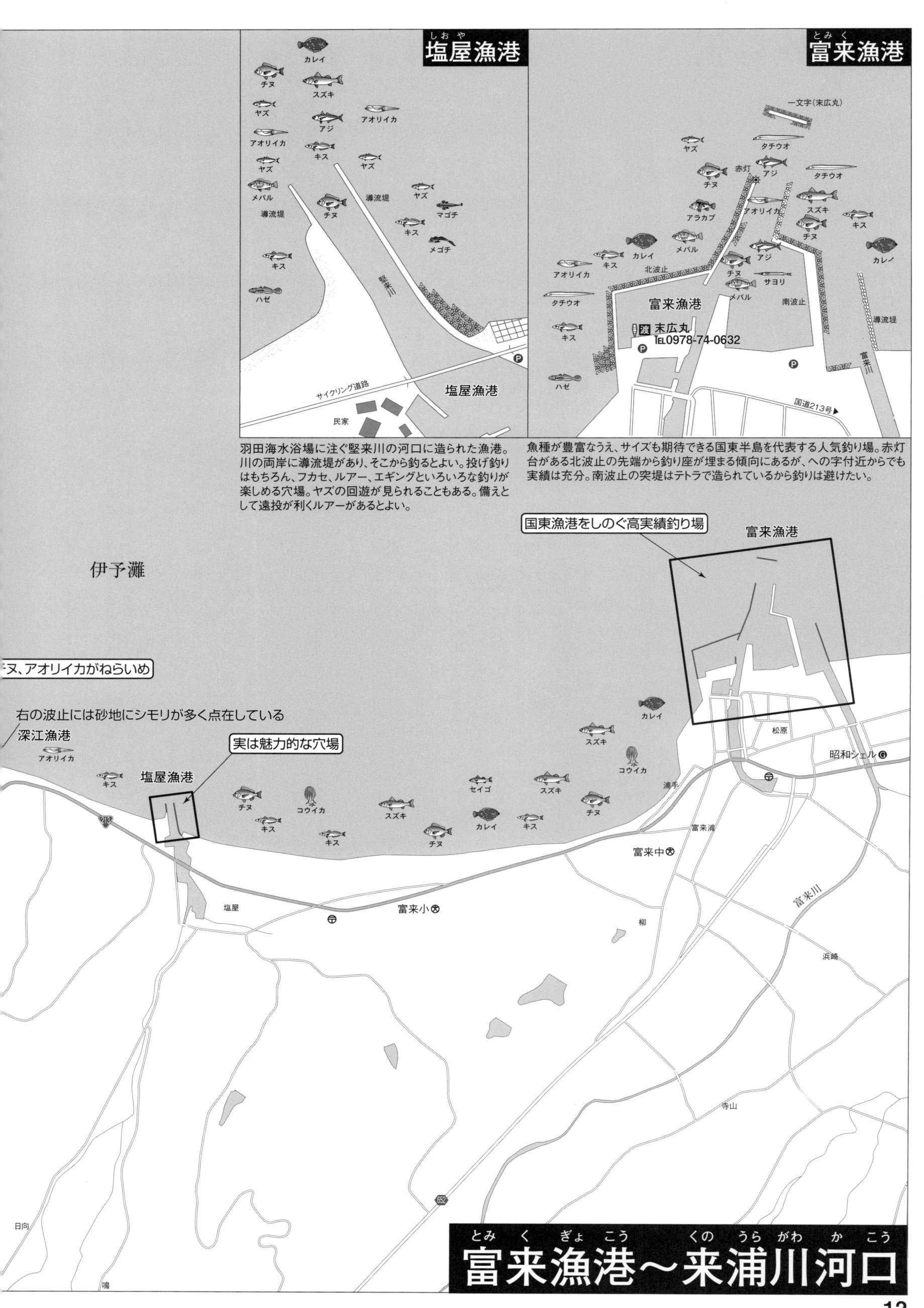

羽田海水浴場に注ぐ堅来川の河口に造られた漁港。川の両岸に導流堤があり、そこから釣るとよい。投げ釣りはもちろん、フカセ、ルアー、エギングといろいろな釣りが楽しめる穴場。ヤズの回遊が見られることもある。備えとして遠投が利くルアーがあるとよい。

富来漁港 (とみく)

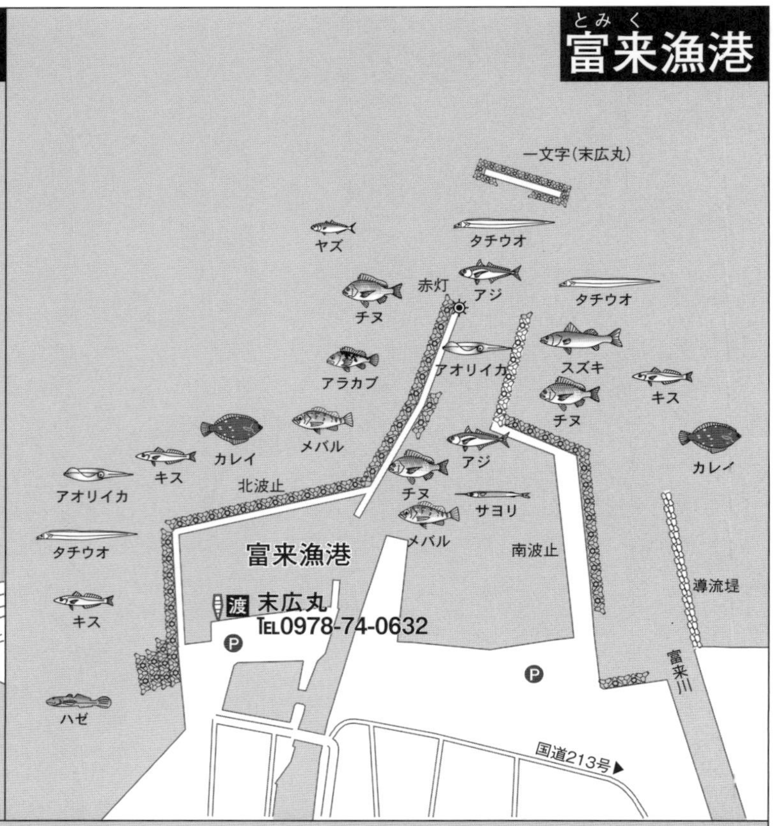

魚種が豊富なうえ、サイズも期待できる国東半島を代表する人気釣り場。赤灯台がある北波止の先端から釣り座が埋まる傾向にあるが、への字付近からでも実績は充分。南波止の突堤はテトラで造られているから釣りは避けたい。

国東漁港をしのぐ高実績釣り場

実は魅力的な穴場

右の波止には砂地にシモリが多く点在している

チヌ、アオリイカがねらいめ

伊予灘

富来漁港〜来浦川河口
(とみくぎょこう〜くのうらがわかこう)

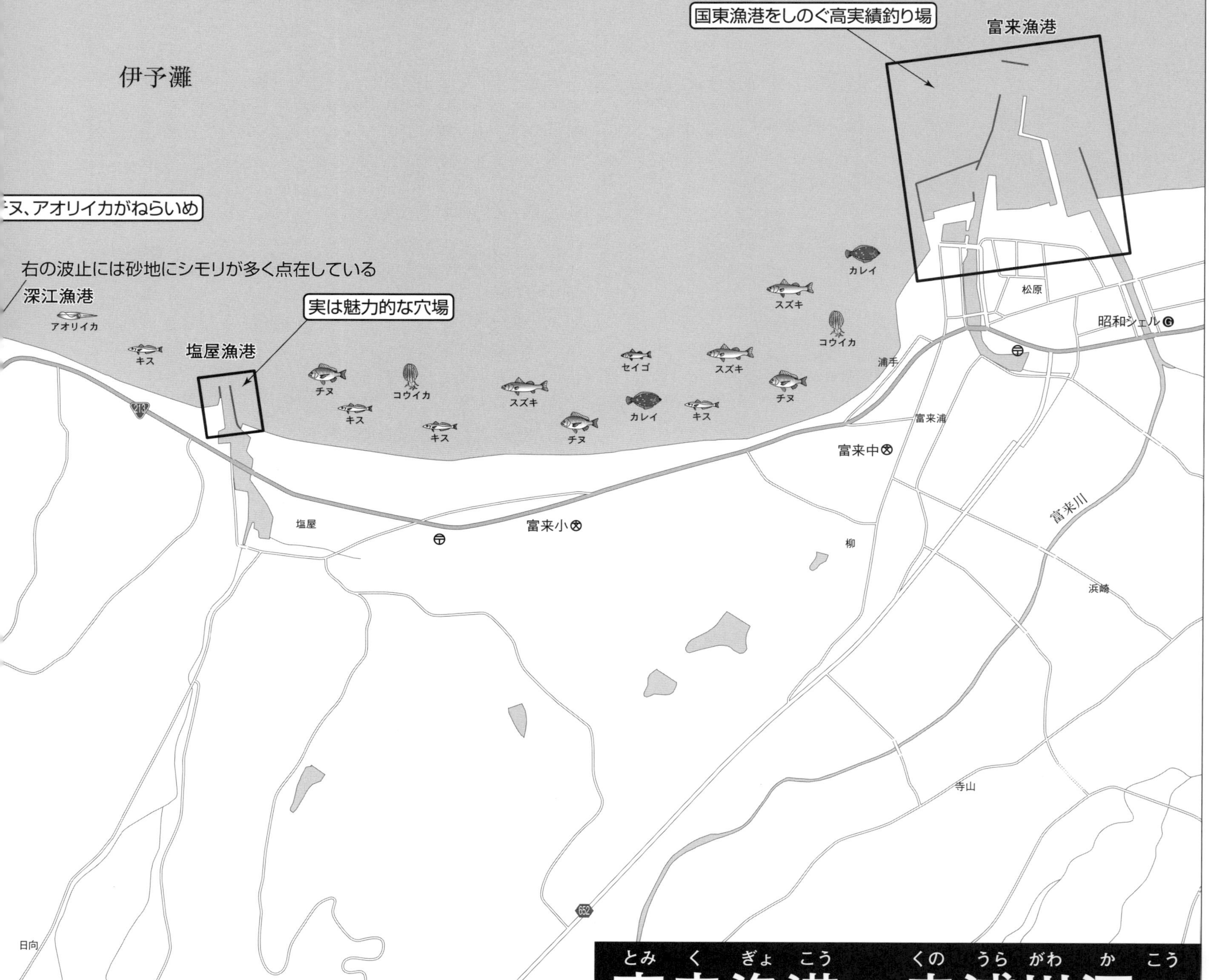

来《くの》浦《うら》漁港

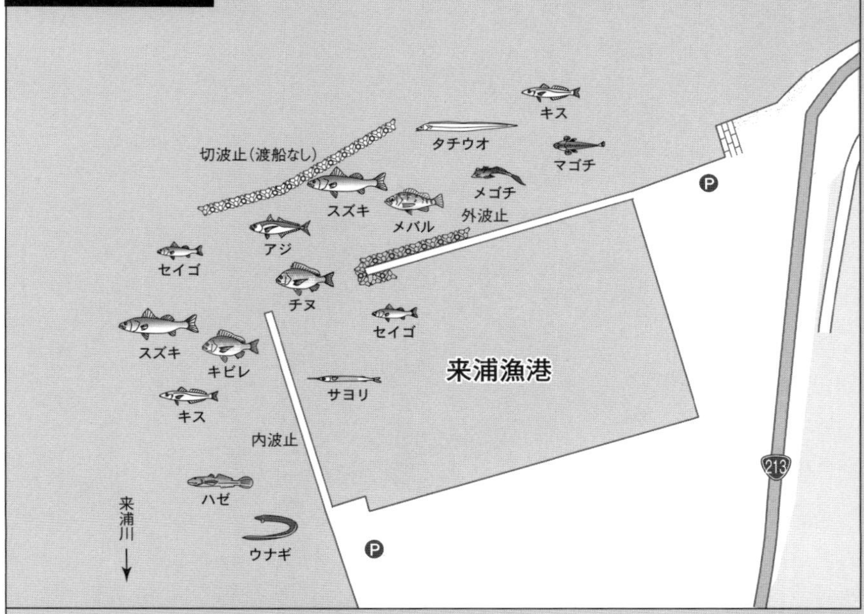

二本の波止で構成されたこぢんまりとした漁港。テトラの投入は少なく、外波止先端部のみ。釣りやすさもここの特徴の一つ。のんびりと楽しめる釣り場だが、実績は折り紙つき。

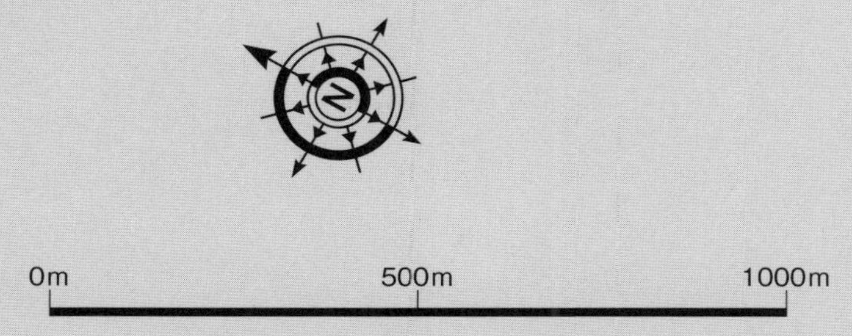

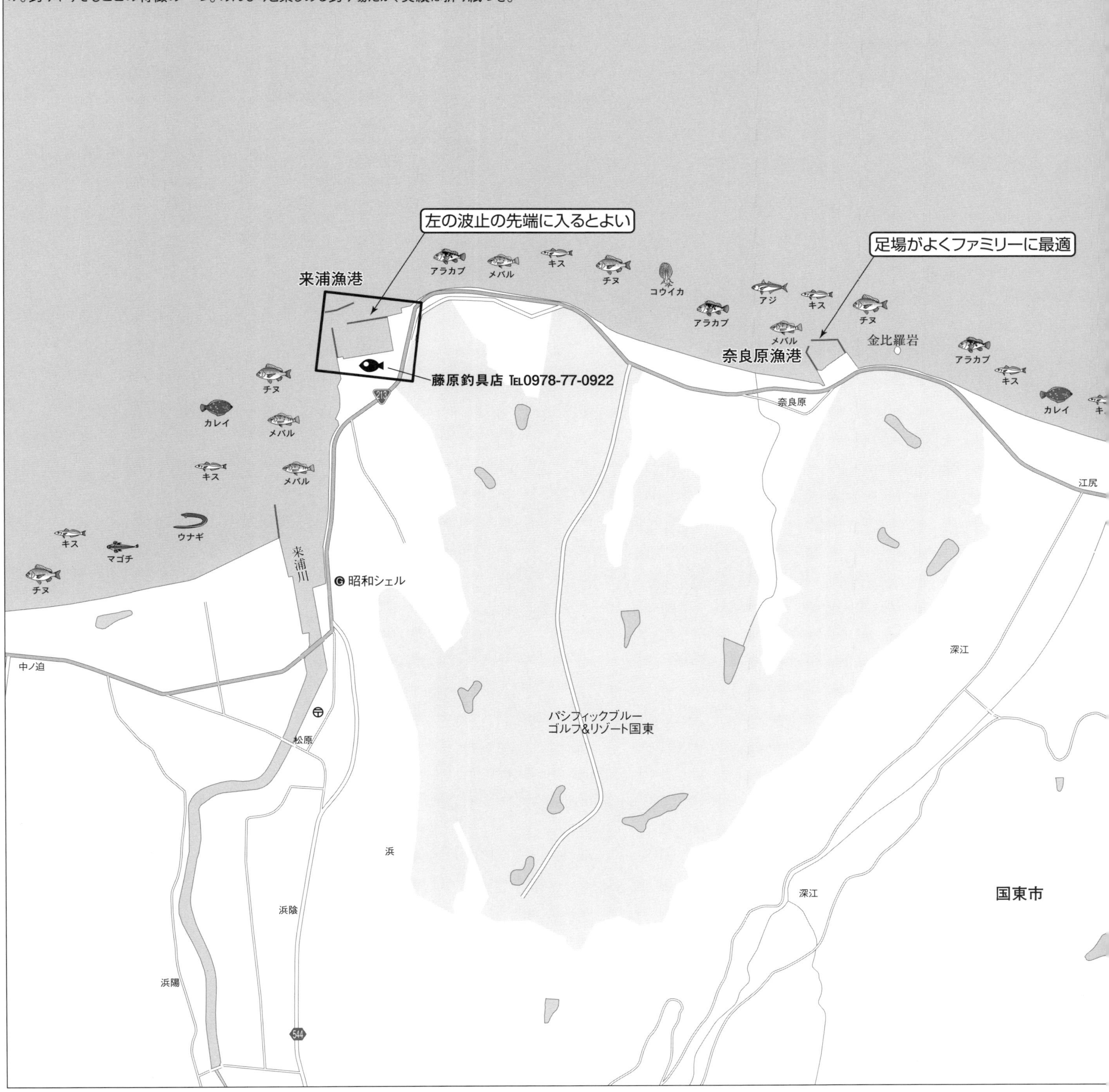

島田（しまだ）漁港

ロケーション的にはサーフ、流れ込み、ちょっとした岩礁帯が備わり、向田漁港と特徴を同じくする。外波止のテトラは先端の手前で切れていることから、ジャンルを問わず非常に釣りやすい。際で掛けた獲物はほとんどがテトラに突っ込むのでやり取りに注意。先端外側に目がいきがちだが、漁港の出入り口や港内も要チェック。駐車スペースはそれほど広くない。

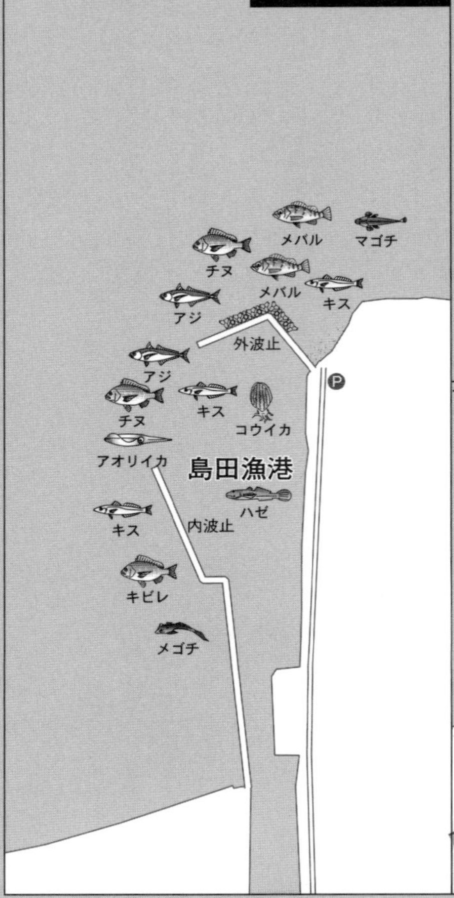

向田（むかた）漁港

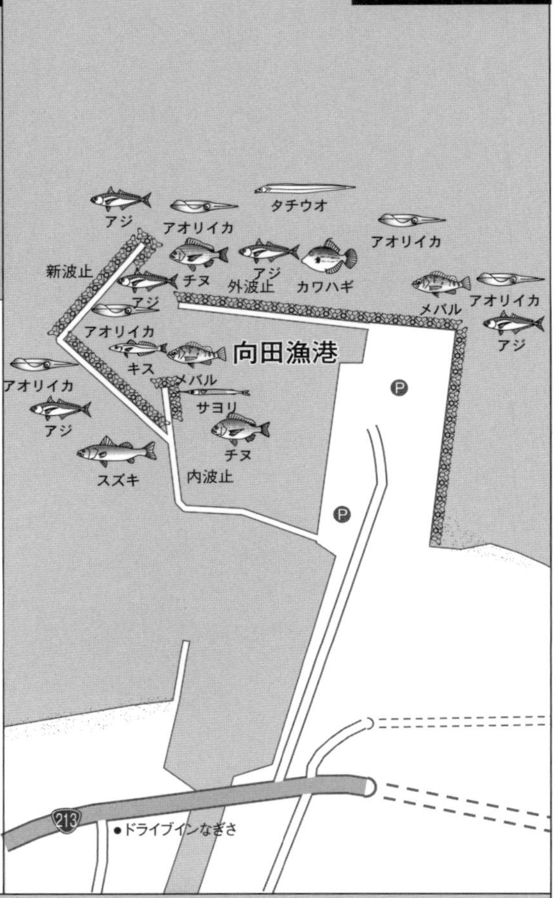

新波止ができてさらに釣り座が増えた。港内や波止の内側からファミリーが楽しむのに適している。エギングはサーフ、波止、岩礁帯と表情が違うポイントを短時間でチェックできる。外波止の外側はテトラで覆われているが、釣り座が確保可能な形状。ただし、絶対に無理は禁物である。

浅い海岸線が続いた東岸と表情が異なり、リアス式海岸に、水深を備えた釣り場が増えていく

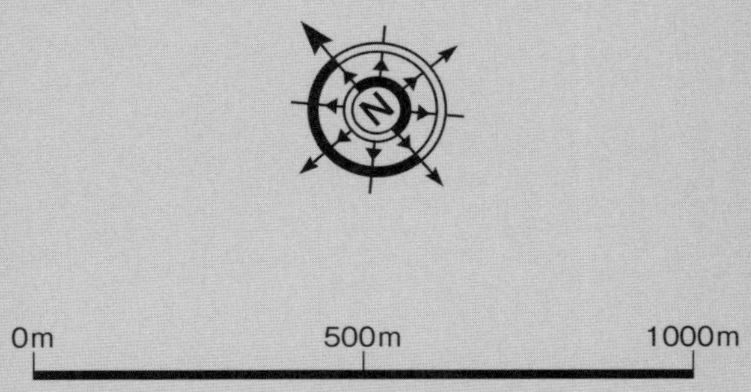

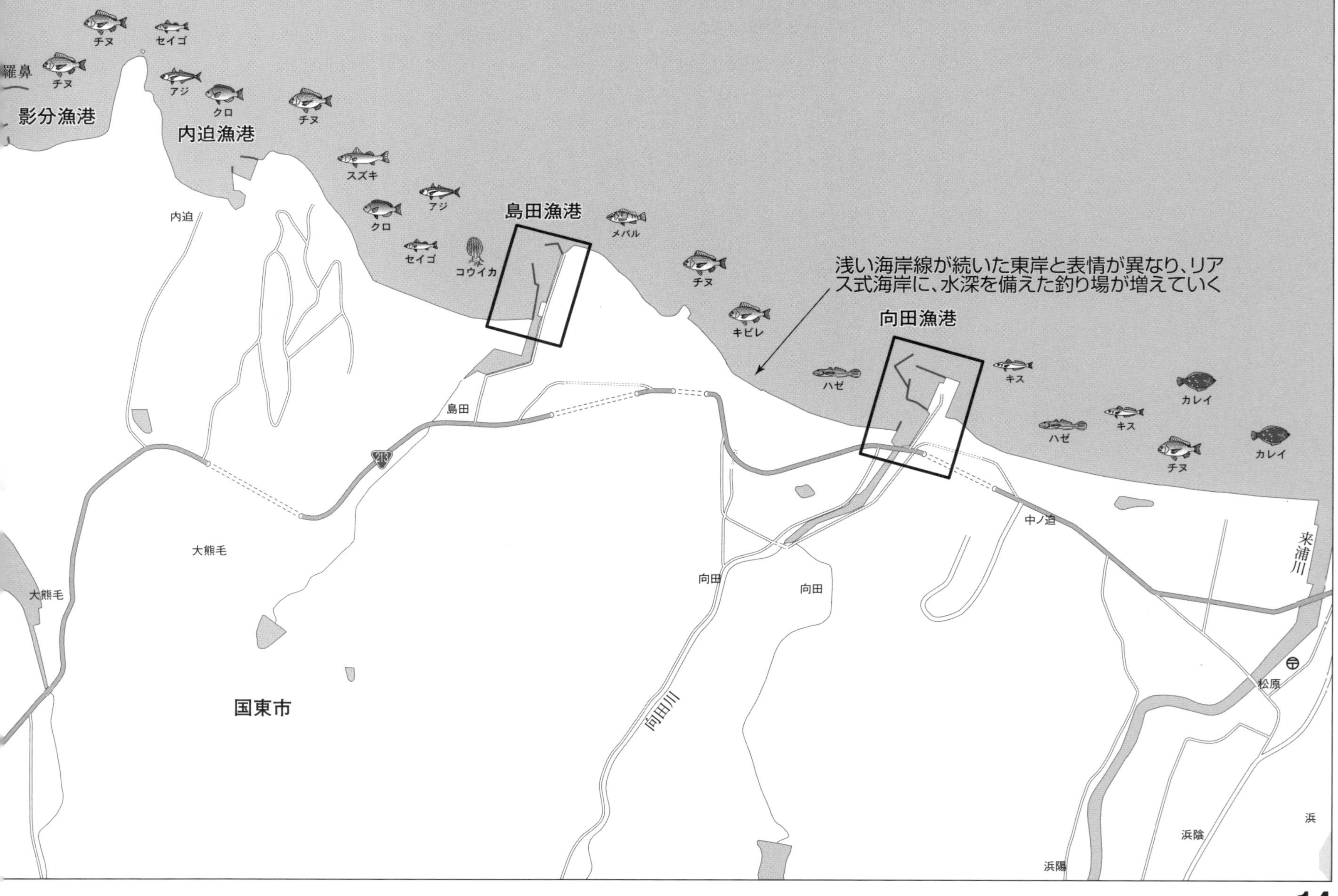

来浦《くのうら》川《がわ》河口《かこう》〜岐部《きべ》漁港《ぎょこう》

熊毛《くまげ》漁港

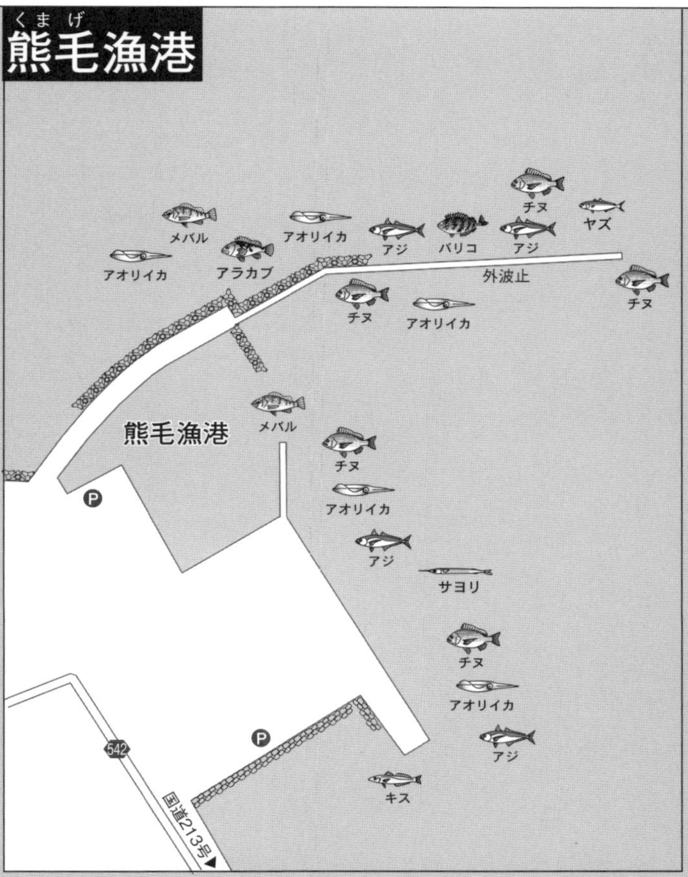

人気釣り場。岸壁は車を横付けでき、ファミリーやシニアに最適。外波止のテトラは根元から中央部までしか投入されていないため、波止の内外を落ち着いて探ることができる。チヌは中型の数釣り、クロは30cmアップがねらえる。青ものの回遊も少なくない。

伊美港《いみ》

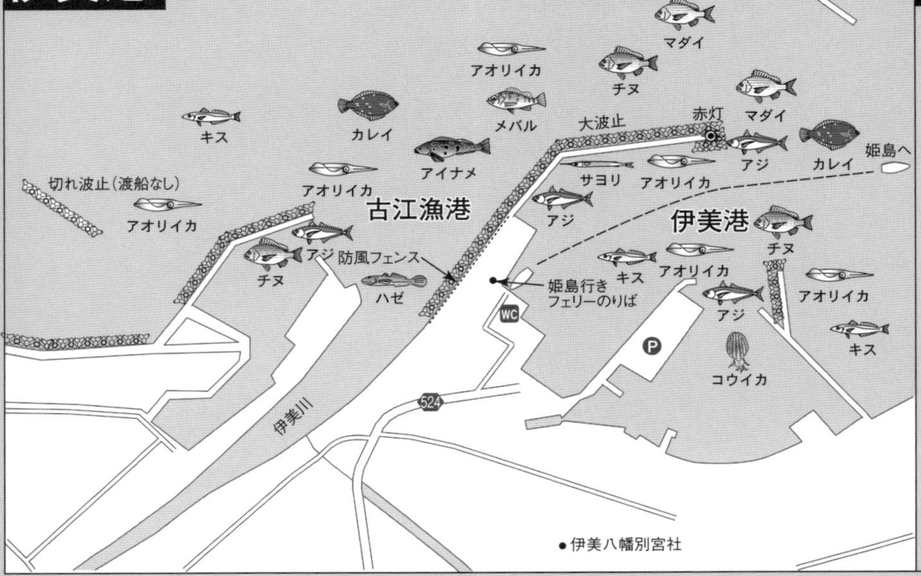

櫛来漁港《くしく》

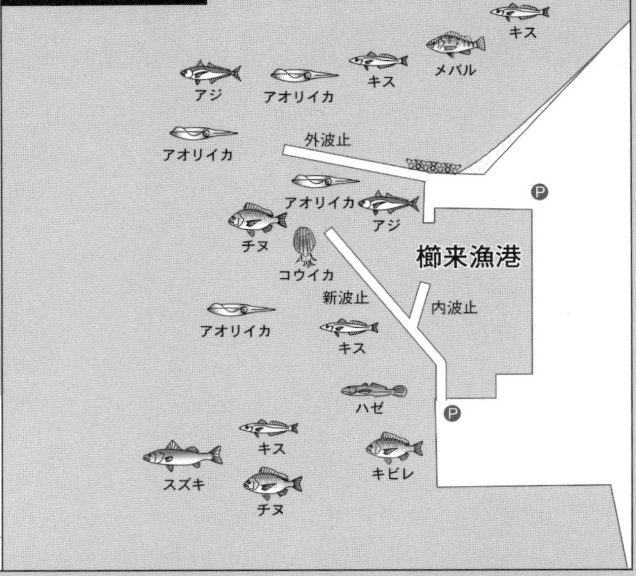

姫島へのフェリー出港地ということもあって港の規模が国東半島で最大級。釣り場とターゲットにはこと欠かない。大型カレイの好釣り場であり、ほかに実績が高いのはチヌ、アジ、アオリイカ、スズキ、メバルなど。西隣りに古江漁港、天神漁港が控え、ランガン派アングラーにはうってつけのエリア。

人で混み合う釣り場が嫌いな人は、この釣り場。駐車スペースから近く、テトラもないため釣り座の選択肢が多い。ターゲットも周辺に劣ることがなく、アオリイカ、チヌ、アジ、スズキと近場の人気魚種がそろう。

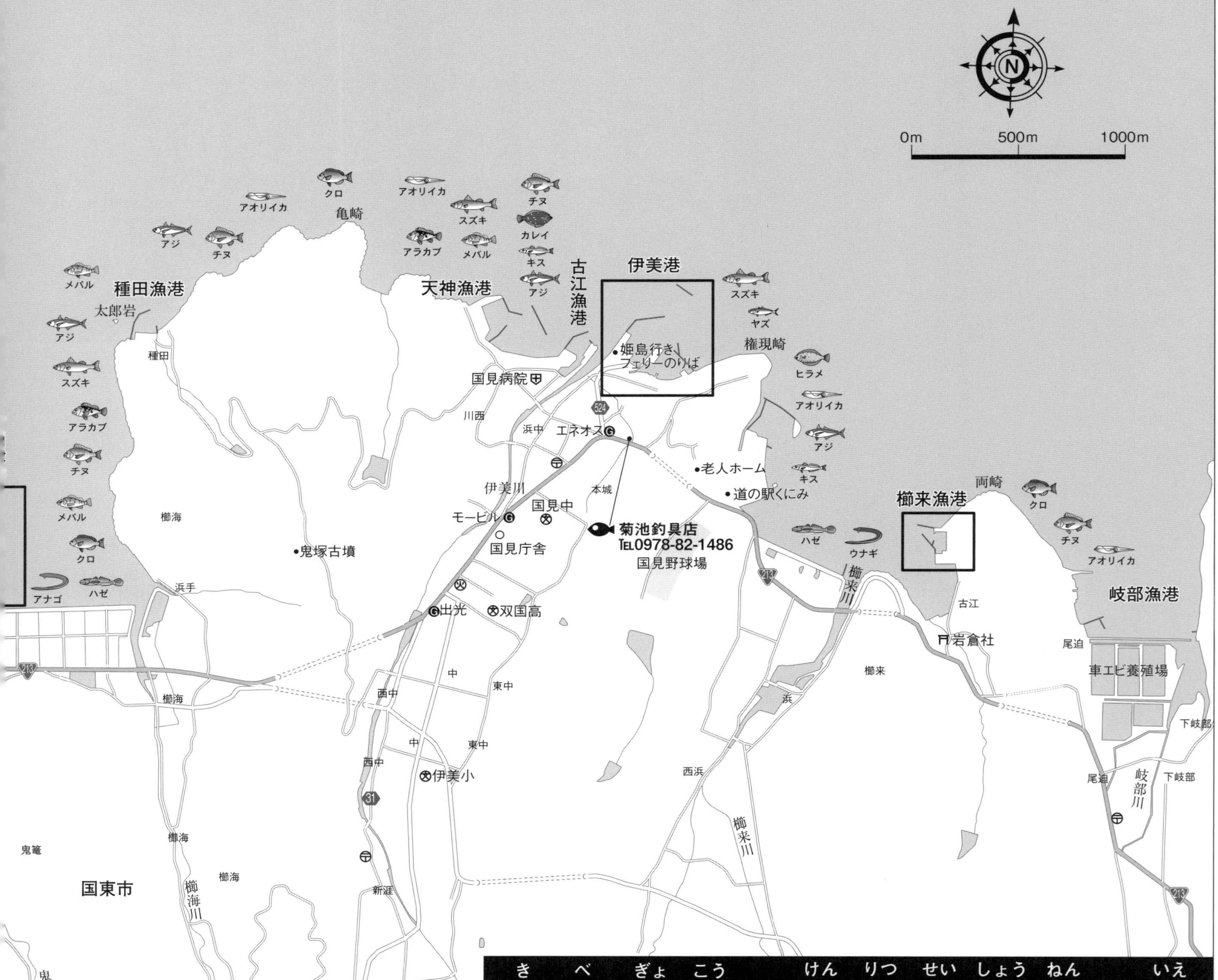

岐部漁港《きべぎょこう》～県立青少年《けんりつせいしょうねん》の家《いえ》

香々地漁港

竹田津港

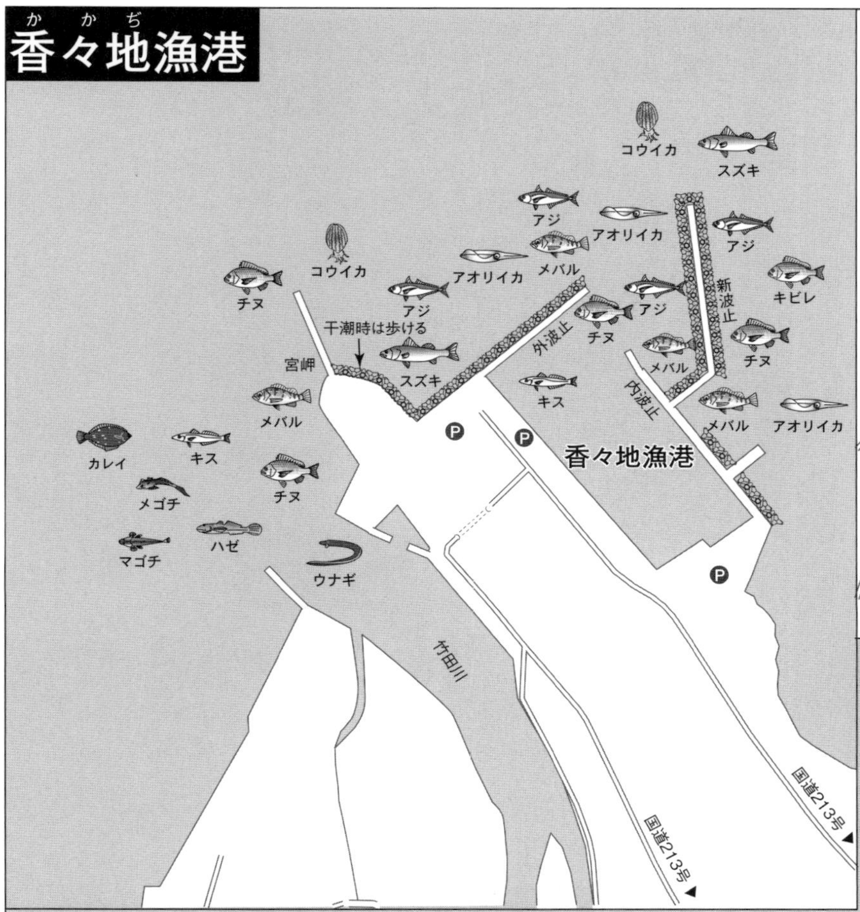

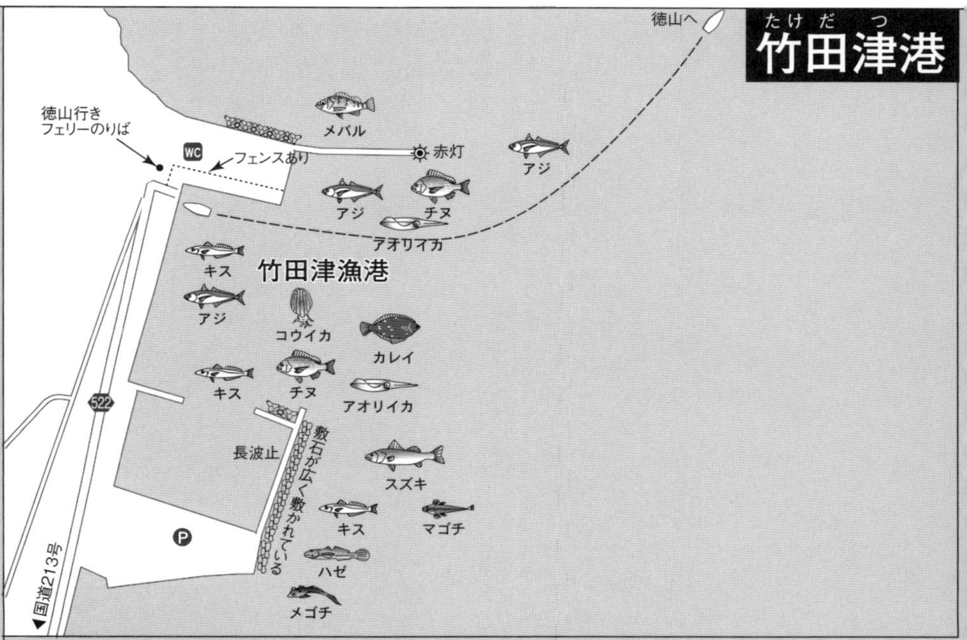

徳山行きフェリーの出港地となっているが、規模は伊美港に一歩譲る。メインの釣り場は赤灯台がある波止。テトラがなく、釣りやすいうえ、水深があって潮の動きがよい。一方、港内は広く漠然とした印象があり、釣るなら長波止に絞ってよい。

チヌ釣りの人がよく訪れる。新波止の人気が高く、実績も申し分ない。港内ではキス釣りも可能で、こちらはファミリーにちょうどよい。宮岬からのびた波止へは干潮時に歩いて渡ることができる。ただし、北に面した釣り場であるため、北風が吹く際は要注意。

キャンプと釣りができ、ファミリーにおすすめ

ワンドに短波止がのびており、釣り人は少ない。軽かコンパクトカーで行くのが無難

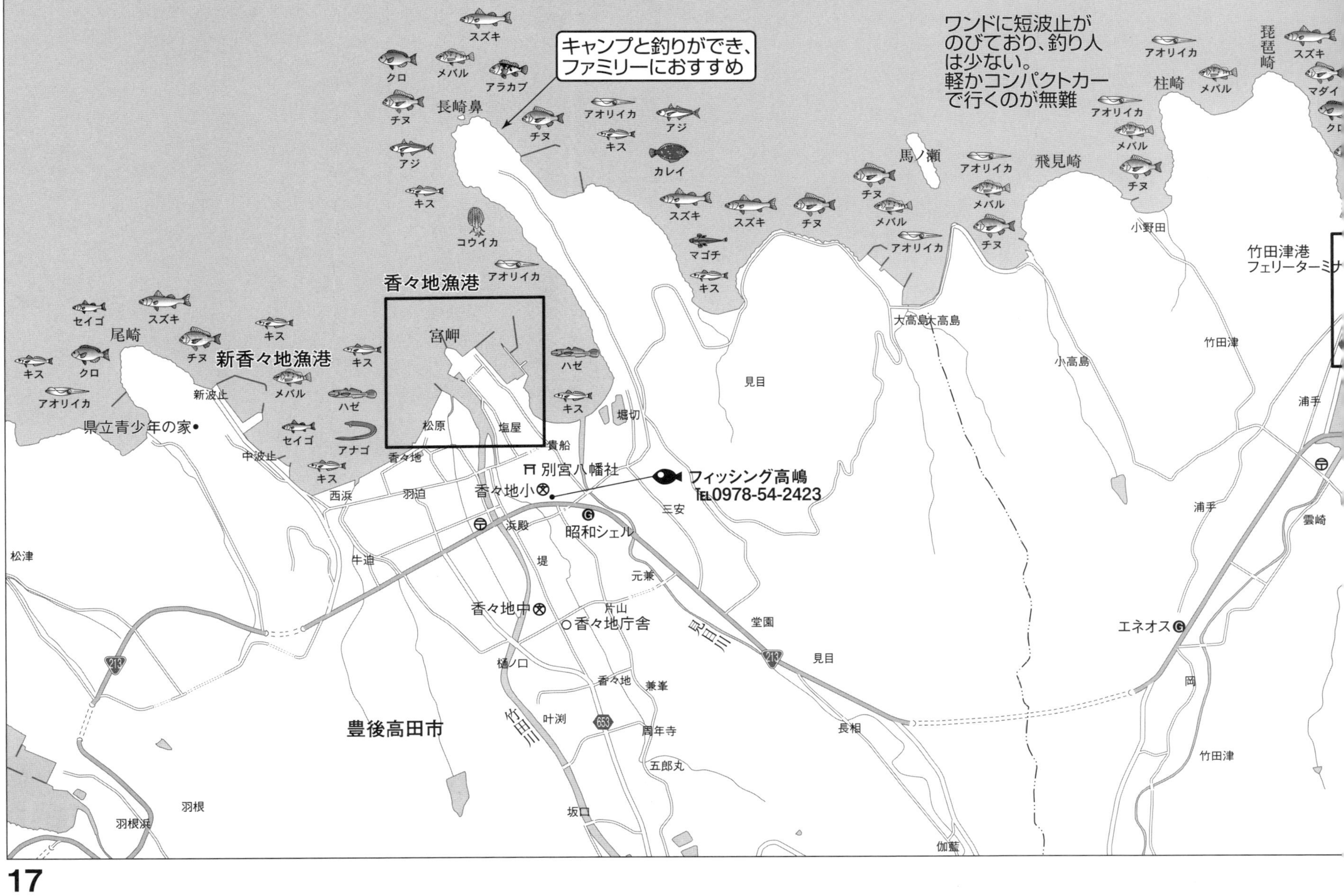

三浦漁港

羽根漁港

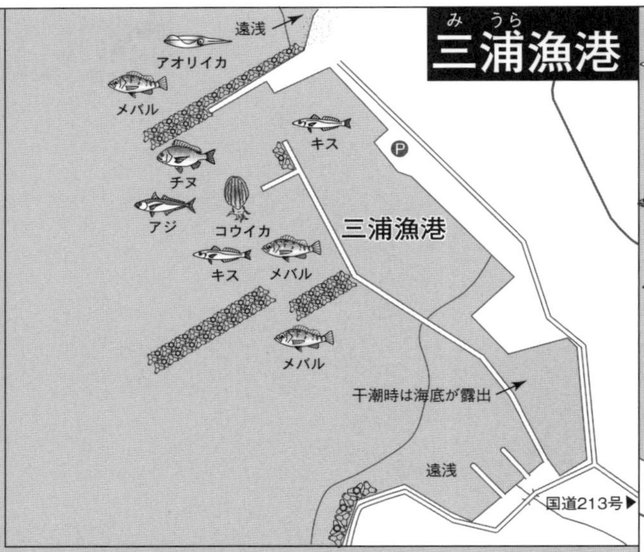

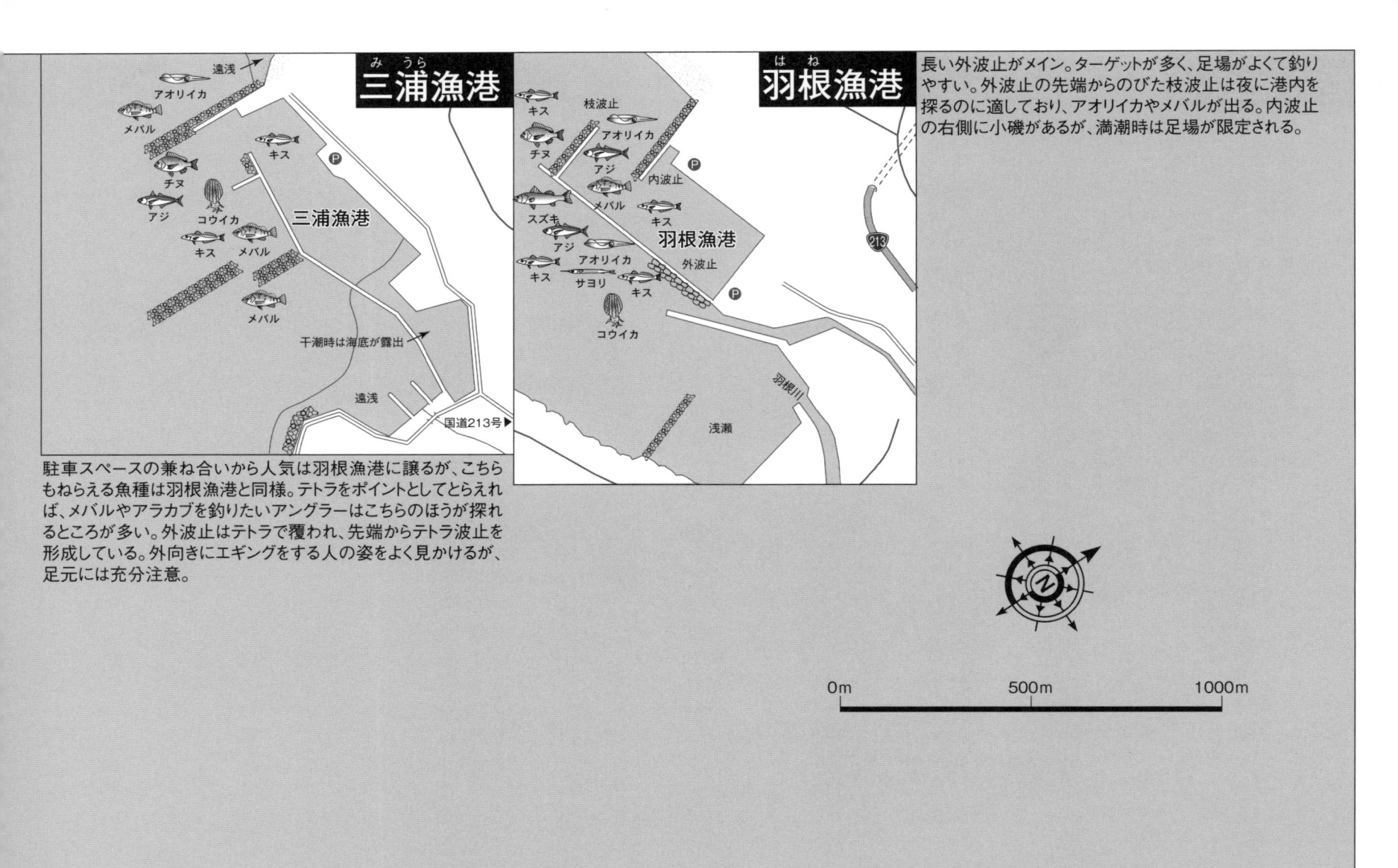

長い外波止がメイン。ターゲットが多く、足場がよくて釣りやすい。外波止の先端からのびた枝波止は夜に港内を探るのに適しており、アオリイカやメバルが出る。内波止の右側に小磯があるが、満潮時は足場が限定される。

駐車スペースの兼ね合いから人気は羽根漁港に譲るが、こちらもねらえる魚種は羽根漁港と同様。テトラをポイントとしてとらえれば、メバルやアラカブを釣りたいアングラーはこちらのほうが探れるところが多い。外波止はテトラで覆われ、先端からテトラ波止を形成している。外向きにエギングをする人の姿をよく見かけるが、足元には充分注意。

周防灘

海岸線まで丘や崖が迫っている。干潮時であれば手前部分ならば波止から歩くことができる

松津漁港

県立青少年の家

県立青少年の家～真玉川河口

真玉漁港 (またま)

臼野漁港 (うすの)

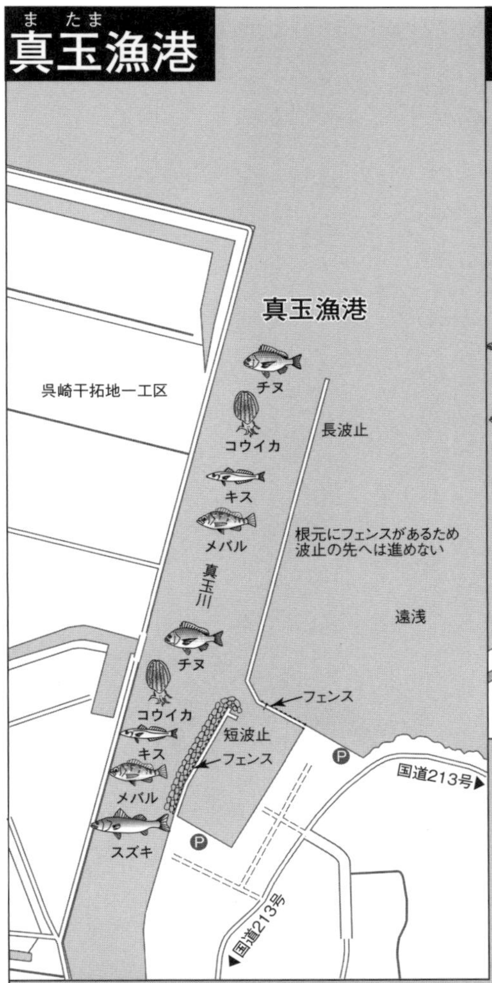

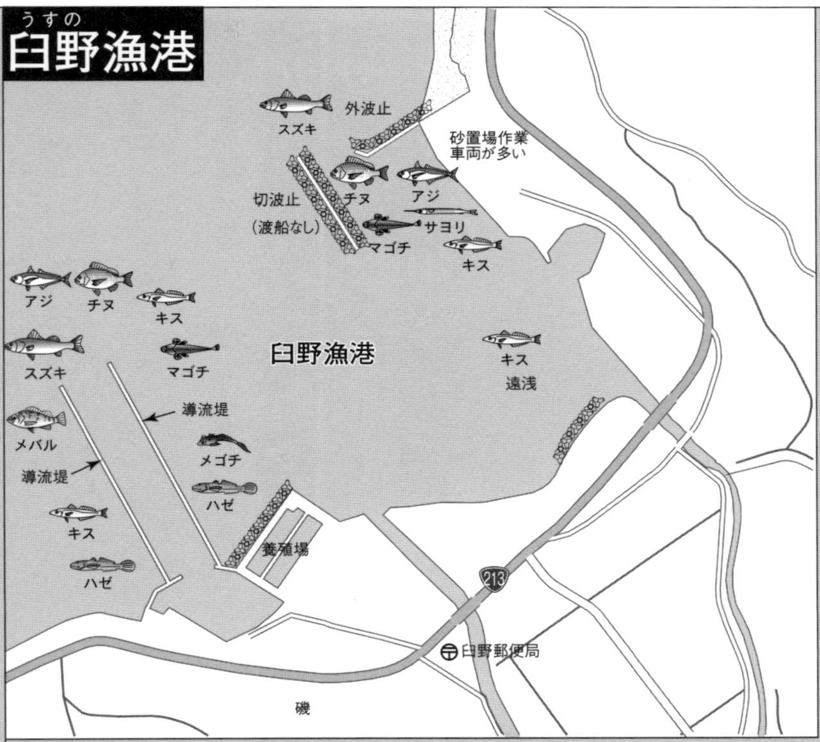

臼野漁港といっても北側の岸壁と南側の二本の導流堤とはまったく釣り場の表情が異なっている。岸壁には一本の波止があるが、アングラーが多いのは岸壁。ここは砂置き場になっており、平日の日中は作業車両が多く、作業の妨げにならないよう配慮が必要。導流堤はルアーや投げ釣りがメイン。多彩な魚種が期待できる。

長波止、短波止とも根元にフェンスがあり、波止の奥へは進めない。長波止の根元付近は遠浅で、釣りが成立するのは満潮前後。しかもできるだけ遠投し、広く探るようにしたい。短波止は真玉川河口に面しており、干潮時でも釣りができる。短波止の根元から敷石に降りれば先端方向へ歩ける。

このあたりから豊前海特有の遠浅に砂泥底、潟の特徴が色濃く出てくる。シロギスに加えてアオギスが混じることがある

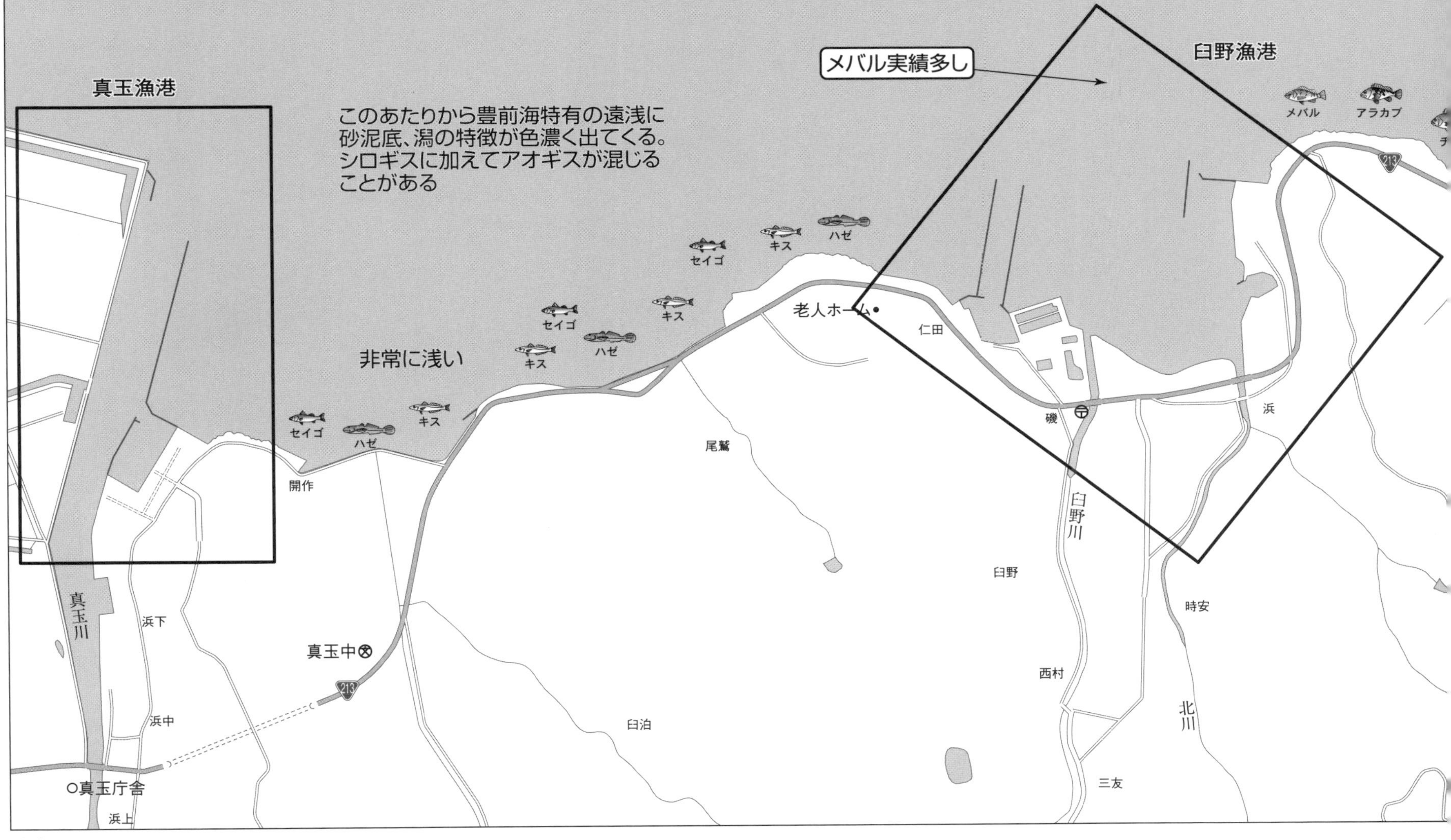

高田《たかだ》漁港

2km以上続く導流堤がここのシンボルだが、足場が低く、なおかつところどころ水没しているため、釣行は避けたい。北に面しているため、冬期は特に注意を要する。導流堤と呉崎干拓地との境は穏やかで、魚のストック量が少ないが、ベイトを追ってスズキなどが入ってきた時は大きなチャンスを迎える。

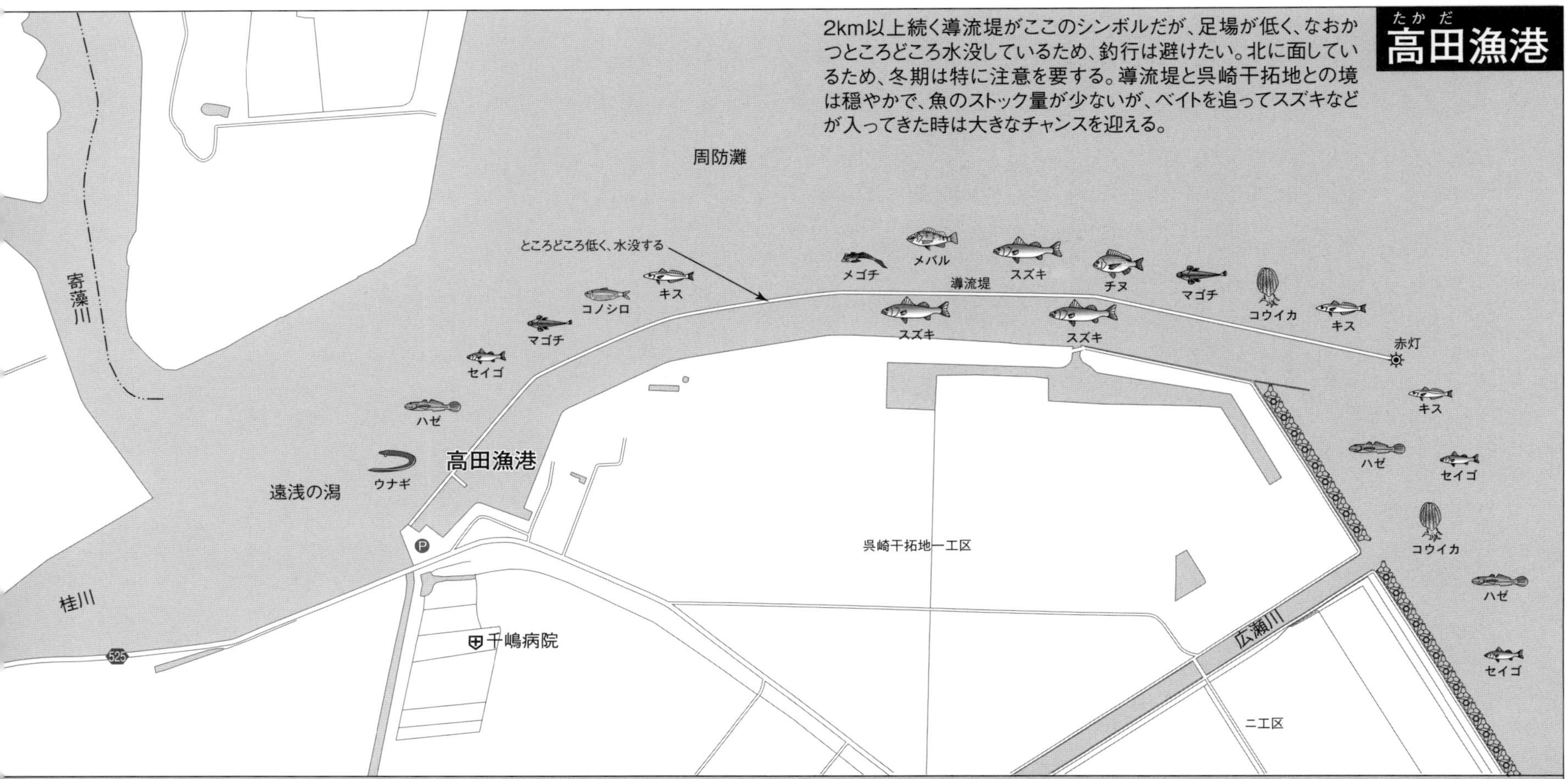
周防灘
寄藻川
ところどころ低く、水没する
メゴチ
メバル
スズキ
導流堤
チヌ
マゴチ
コウイカ
キス
コノシロ
マゴチ
セイゴ
ハゼ
スズキ
スズキ
赤灯
キス
ハゼ
セイゴ
ウナギ
高田漁港
遠浅の潟
コウイカ
呉崎干拓地一工区
ハゼ
桂川
525
千嶋病院
広瀬川
セイゴ
二工区

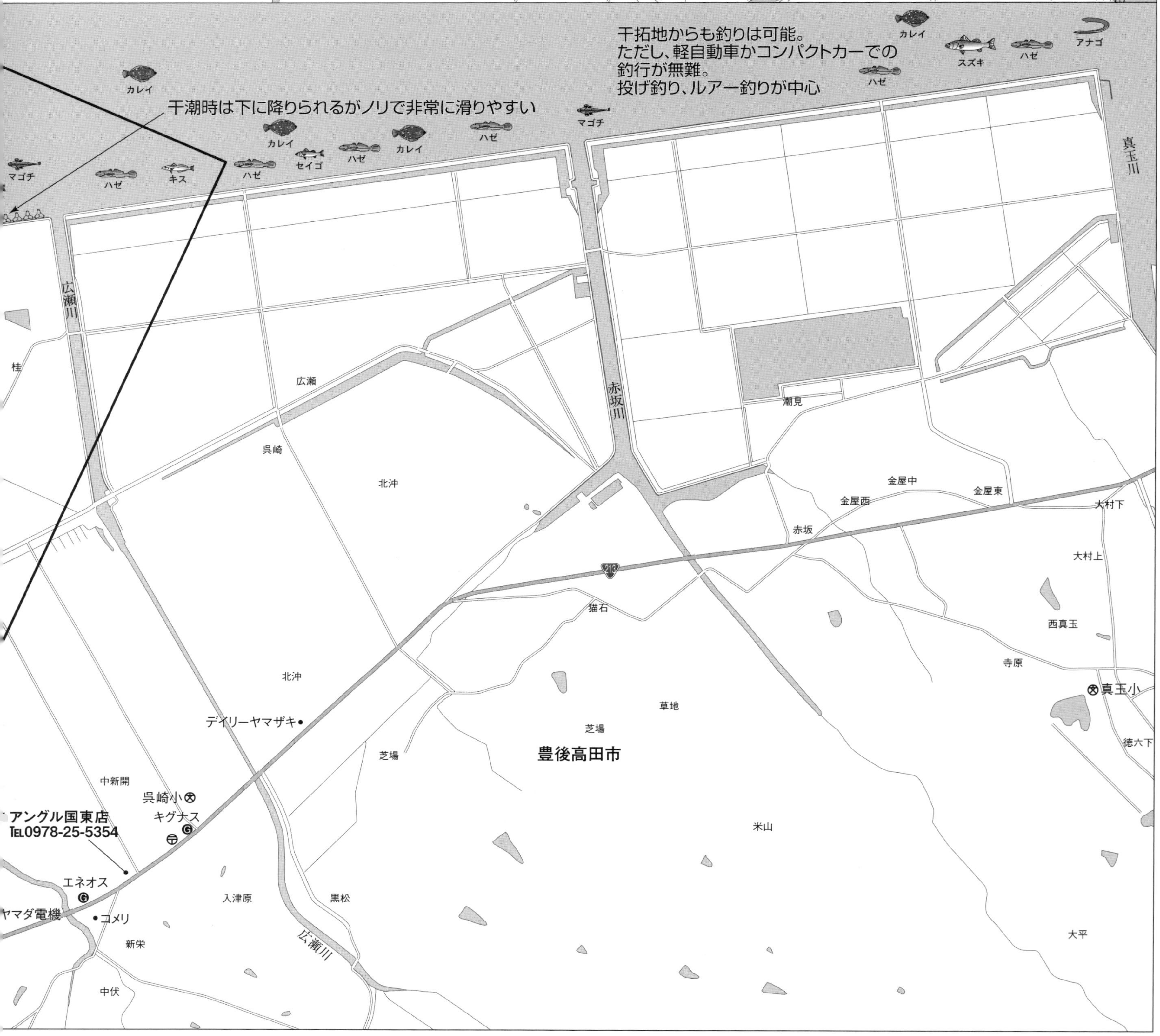
干拓地からも釣りは可能。
ただし、軽自動車かコンパクトカーでの
釣行が無難。
投げ釣り、ルアー釣りが中心
カレイ
アナゴ
スズキ
ハゼ
ハゼ
カレイ
干潮時は下に降りられるがノリで非常に滑りやすい
マゴチ
カレイ
ハゼ
カレイ
セイゴ
ハゼ
マゴチ
ハゼ
キス
ハゼ
真玉川
広瀬川
桂
広瀬
赤坂川
潮見
呉崎
北沖
金屋中
金屋西
金屋東
大村下
赤坂
213
大村上
猫石
西真玉
寺原
北沖
真玉小
草地
デイリーヤマザキ
芝場
芝場
豊後高田市
徳六下
中新開
呉崎小
アングル国東店
TEL0978-25-5354
キグナス
米山
エネオス
入津原
黒松
ヤマダ電機
コメリ
新栄
広瀬川
大平
中伏

真《ま》玉《たま》川《がわ》河《か》口《こう》～平《ひら》松《まつ》

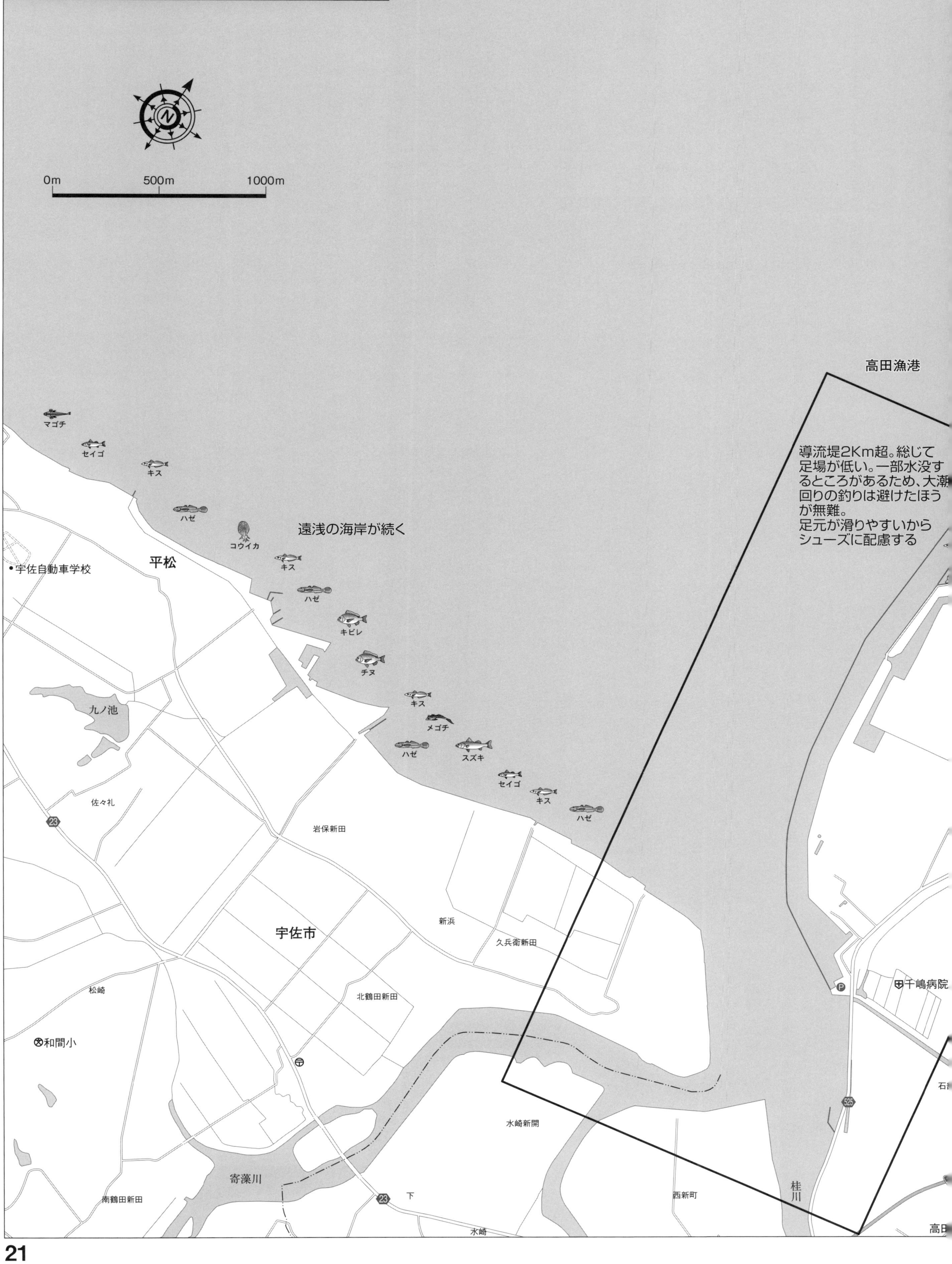

0m
500m
1000m
高田漁港
導流堤2Km超。総じて
足場が低い。一部水没す
るところがあるため、大潮
回りの釣りは避けたほう
が無難。
足元が滑りやすいから
シューズに配慮する
マゴチ
セイゴ
キス
ハゼ
コウイカ
遠浅の海岸が続く
キス
ハゼ
キビレ
チヌ
キス
メゴチ
ハゼ
スズキ
セイゴ
キス
ハゼ
宇佐自動車学校
平松
九ノ池
佐々礼
23
岩保新田
新浜
宇佐市
久兵衛新田
千嶋病院
松崎
北鶴田新田
和間小
水崎新開
526
寄藻川
南鶴田新田
23
下
西新町
桂川
水崎
高田

今津漁港

犬丸川河口部右岸にある。北側の岸壁は変化に乏しいため、人気があるのは赤灯波止。河川に面しており、小魚やそれを追ってフィッシュイーターが差し込んでくる。水深が浅いため、投げ釣りや満潮時のルアー釣りが中心となり、フカセ釣りには向かない。近くに鍋島公園があることからファミリーにもおすすめ。

駅館川河口

中規模河川の両岸に漁港が存在する。長洲漁港は柳ヶ浦漁港にくらべて地形や流れの変化に富み、ルアー、投げ、フカセ釣りなどさまざまな釣りが楽しめる。岸壁の北〜東面にはテトラが投入されているが、整然と積まれていることから釣り座は取りやすい。ただし、ノリや海藻が付着して変色したところは大変滑りやすく要注意。ファミリーフィッシングにはおすすめしない。また、遠浅であることから満潮前後に釣るようにするとよい。

周防灘

一帯は遠浅で、干潮時には広大な潟が露出する

長洲漁港〜小祝漁港

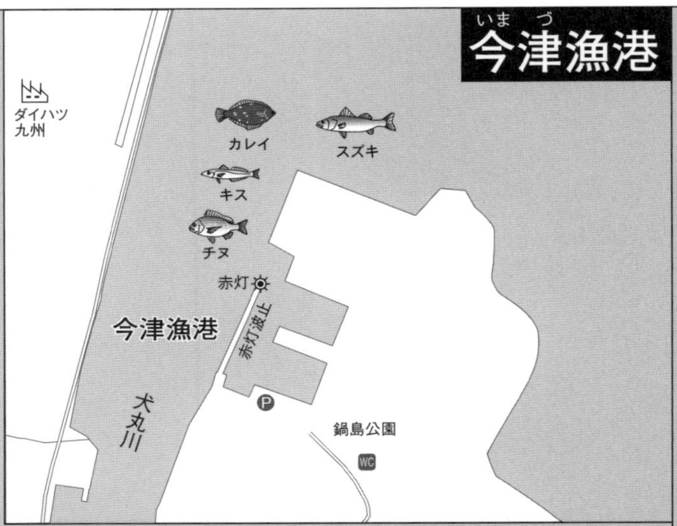

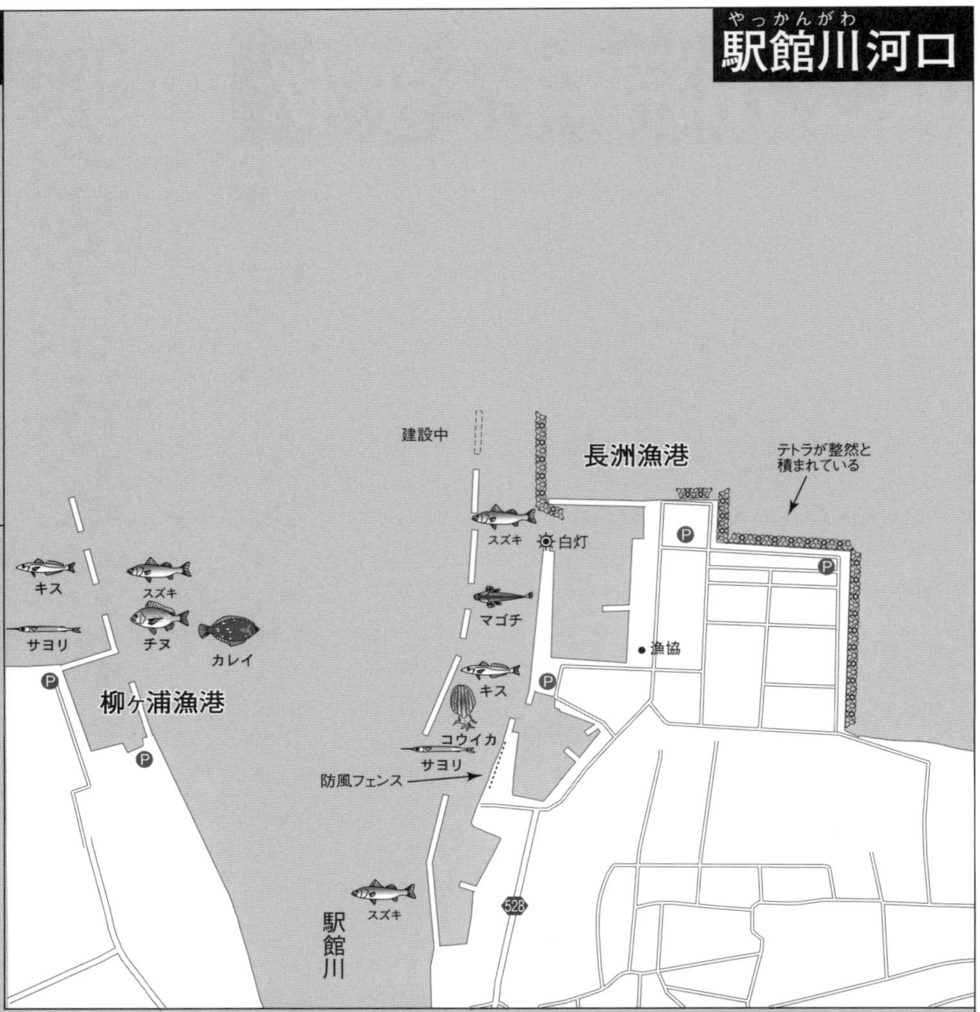

小祝漁港 (こいわい)

中津港 (なかつ)

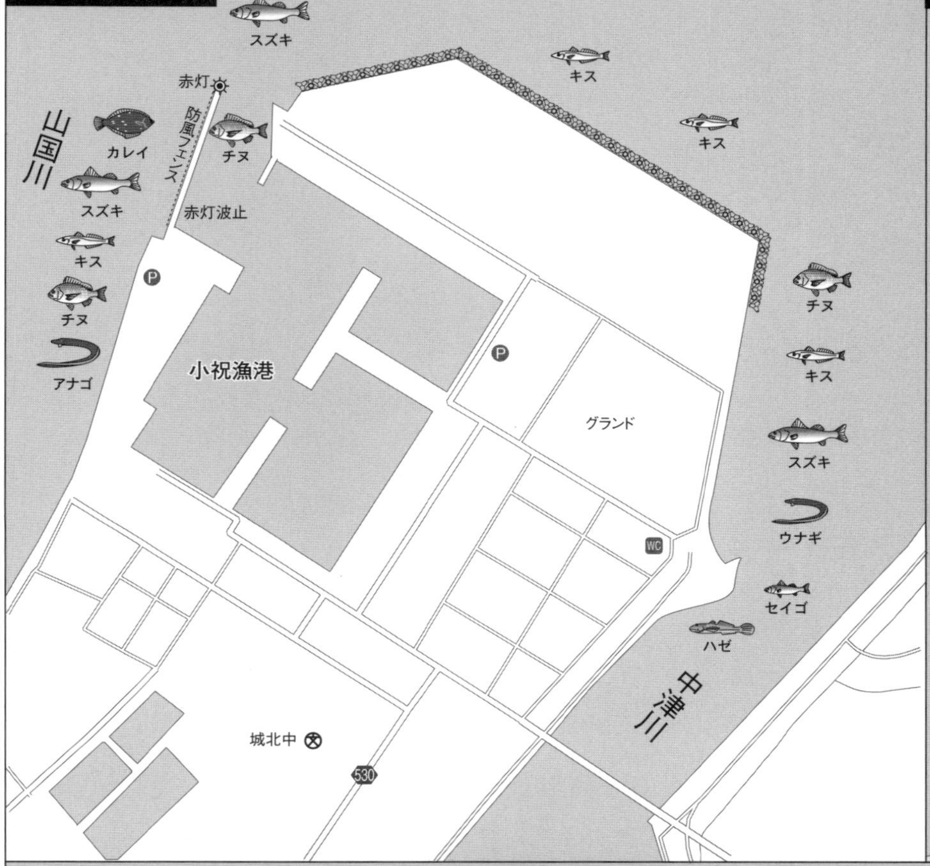

水深が浅いため、投げ釣りやルアー釣りが中心。満潮絡みに釣行するとよい。山国川と中津川に挟まれており、ウナギやアナゴの釣果が期待できる。赤灯波止には防風フェンスが設置されており、釣り座が限られ、フェンスの切れ目からの釣りとなる。北面の埋立地は広大で、沿岸にはテトラが投入され、工事も頻繁に行なわれている。

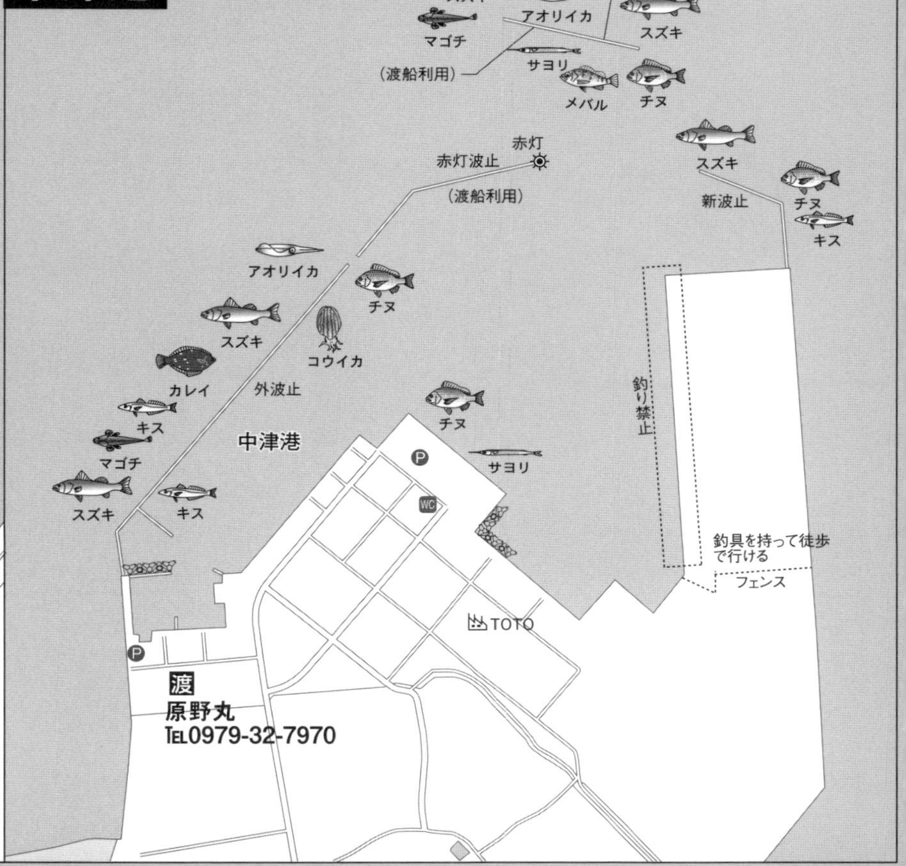

遠浅が広がる一帯にあって、水深を備える中津港はこの界隈では筆頭に挙がる実績を誇る。エギングではコウイカが中心だが、数は少ないながらも、アオリイカも出る。釣り場は外波止や東側の岸壁（車両での進入は不可）が中心。外波止は足場がよく、非常に釣りやすいが、干潮時は海底が露出する。赤灯波止や沖一文字は渡船を利用して釣行可能。また、マゴチは例年ゴールデンウィークを過ぎた頃から釣れ始める。

沖一文字、赤灯波止には原野丸で渡る

一帯は遠浅で、干潮時には広大な潟が露出する

数は少ないながらもアオリイカが釣れる

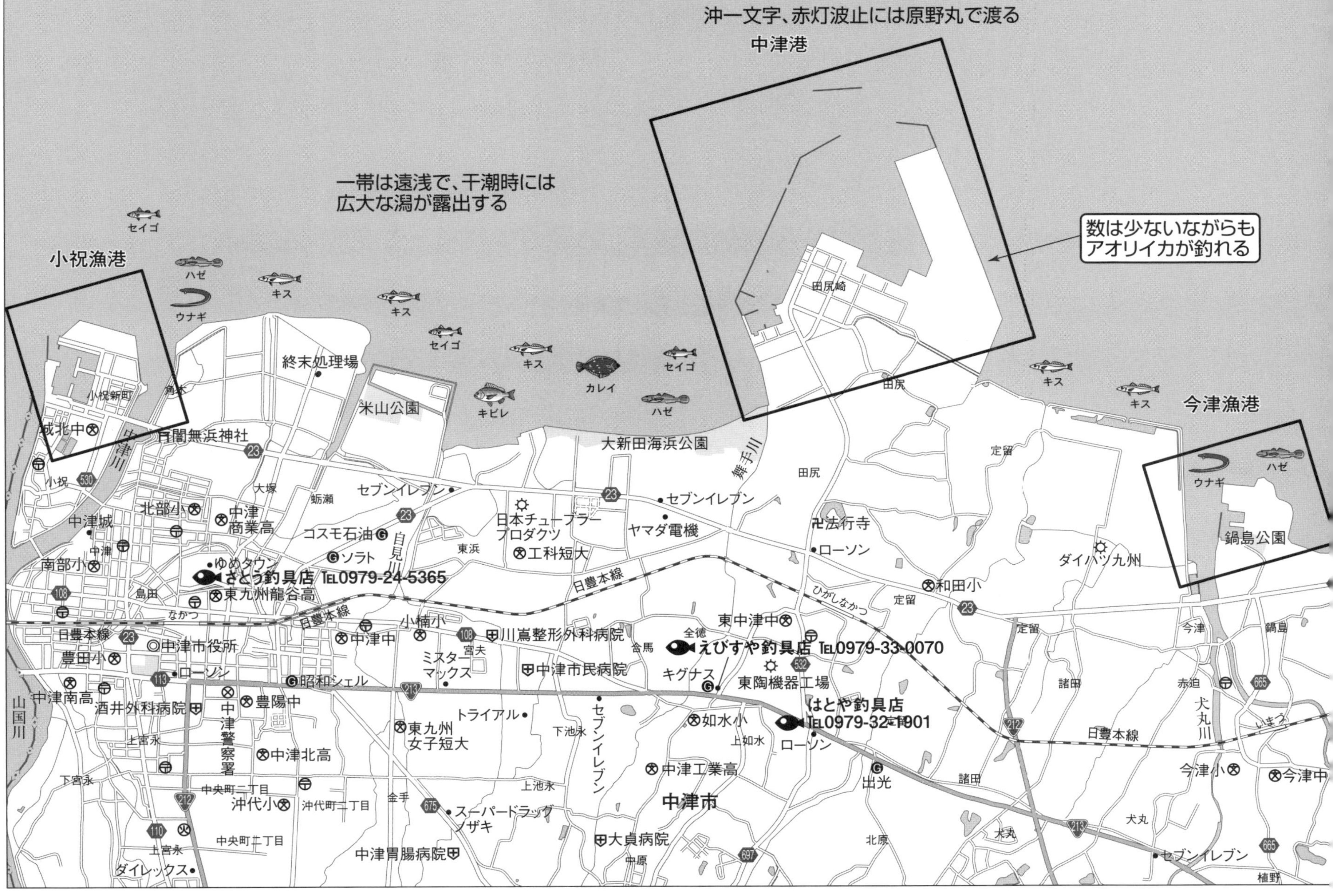

●改正SOLAS条約により、立ち入り禁止となっている埠頭などがあります（詳細はP80）。

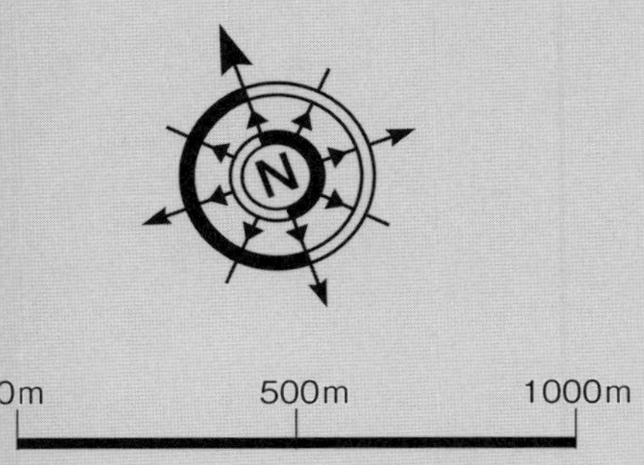

吉富漁港 (よしとみ)

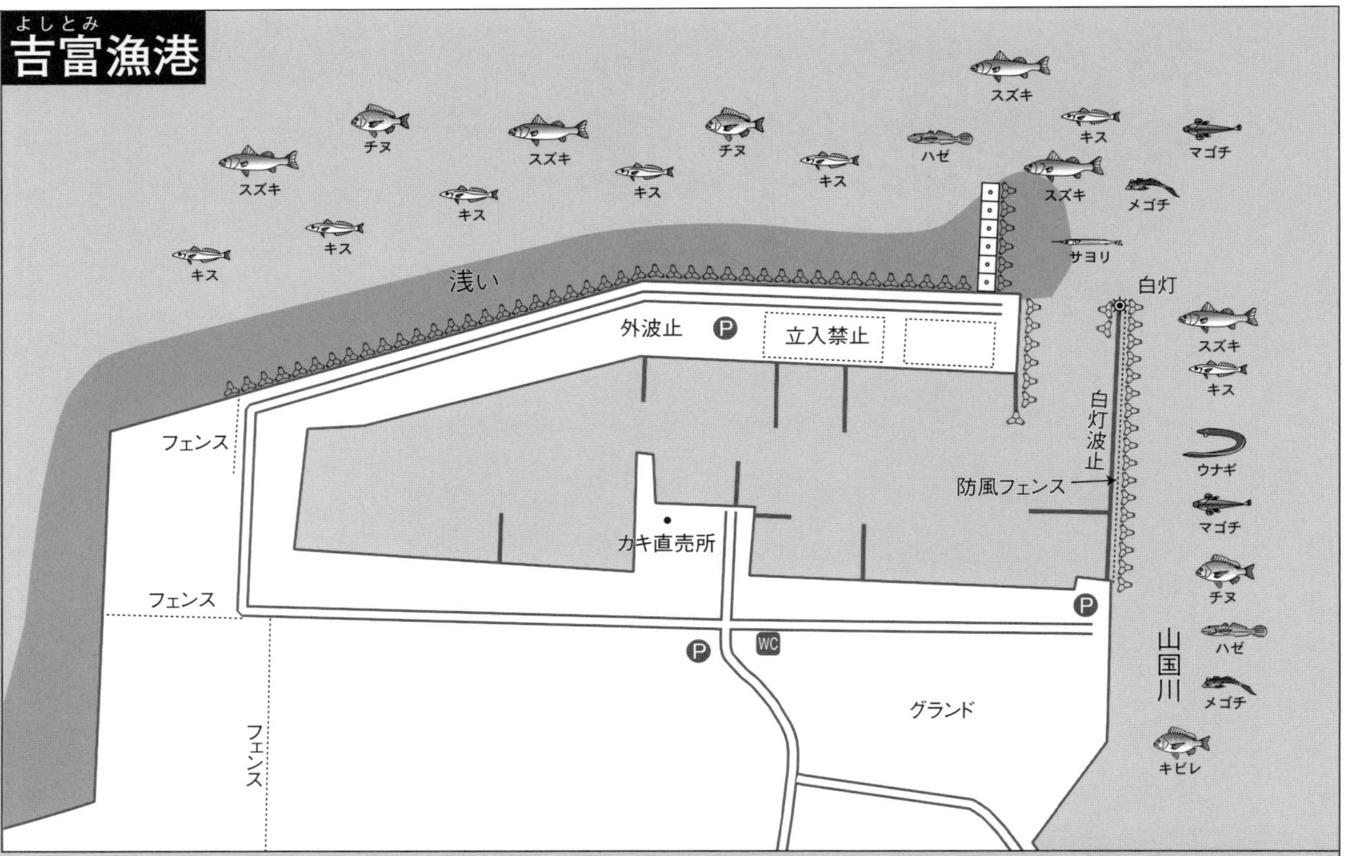

干潮時は多くが干上がってしまうため、満潮時に釣行、外波止先端、もしくは福岡県と大分県の県境の河川・山国川に面した白灯波止からの釣りとなる。白灯波止には防風フェンスが設置されており、釣り座はテトラになることから、ファミリーはフェンスが切れた波止の付け根から釣るとよい。ただし、そこは水深が浅く、満潮前後に入るようにする。投げ釣りやルアー、エギングがメイン。ビッグシーバスの実績が高い。

良型のシーバス実績あり

一帯は遠浅で、干潮時には広大な潟が露出する。したがって釣りは満潮時限定でキスがねらえる

海幸漁具
TEL 0979-24-5621

中津川河口〜松江漁港

松江漁港

規模が大きく、西側の漁港、東側の岸壁ともに水深があり、遠浅の潟、砂泥地に造られた漁港。干潮時は一帯が干上がる。外波止からの釣りがメインで、外波止には沖に向かって細い敷石がのびており、干潮から上げるタイミングで入るとよい。ウェーダーがあるとさらに機動力が増す。民家が漁港に隣接しているため、特に騒音には充分配慮したい。

周防灘

ルアー、エギング、フカセ、投げ釣りなど、さまざまな釣りができ、こうした釣り場はこの一帯でほかにない

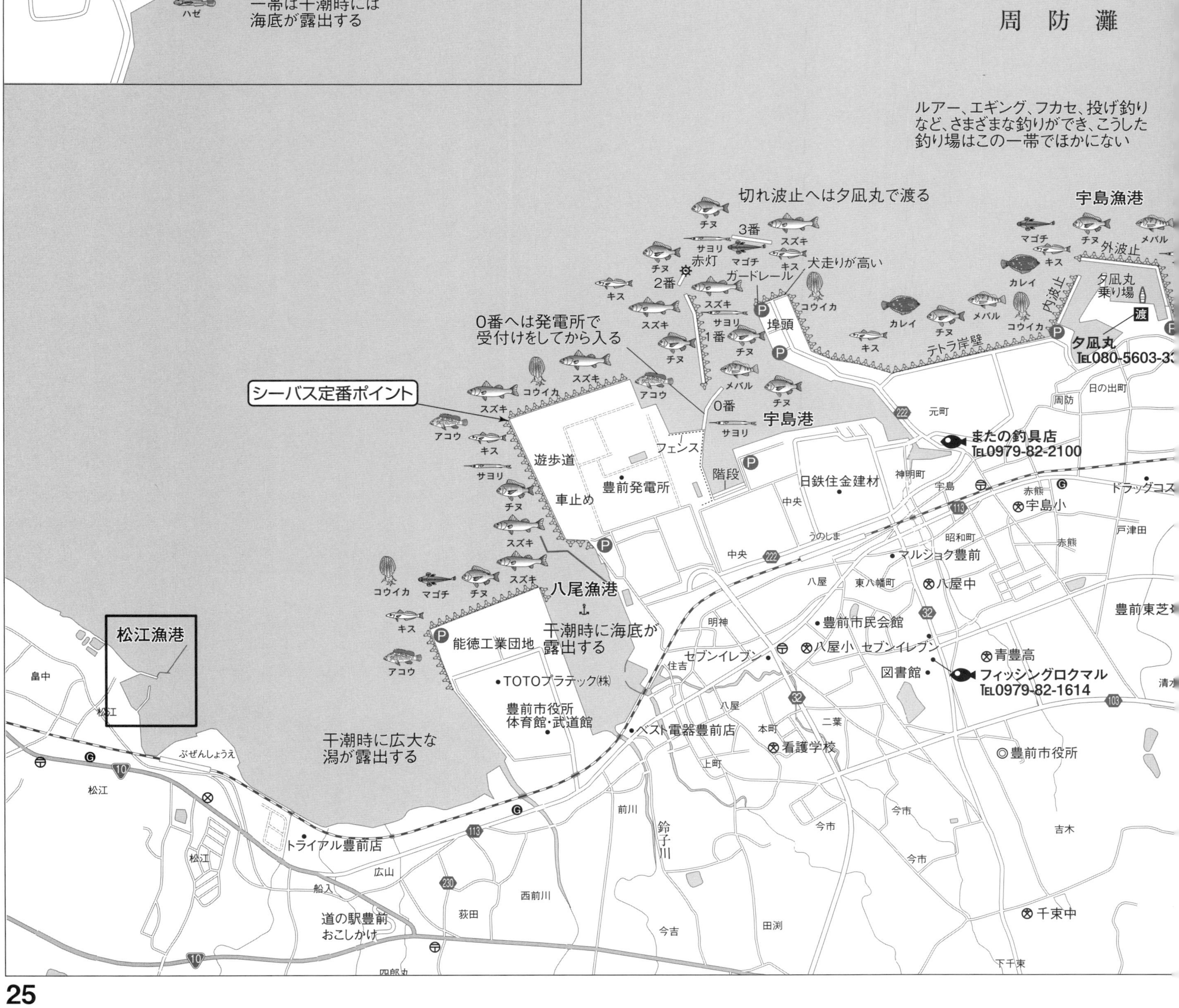

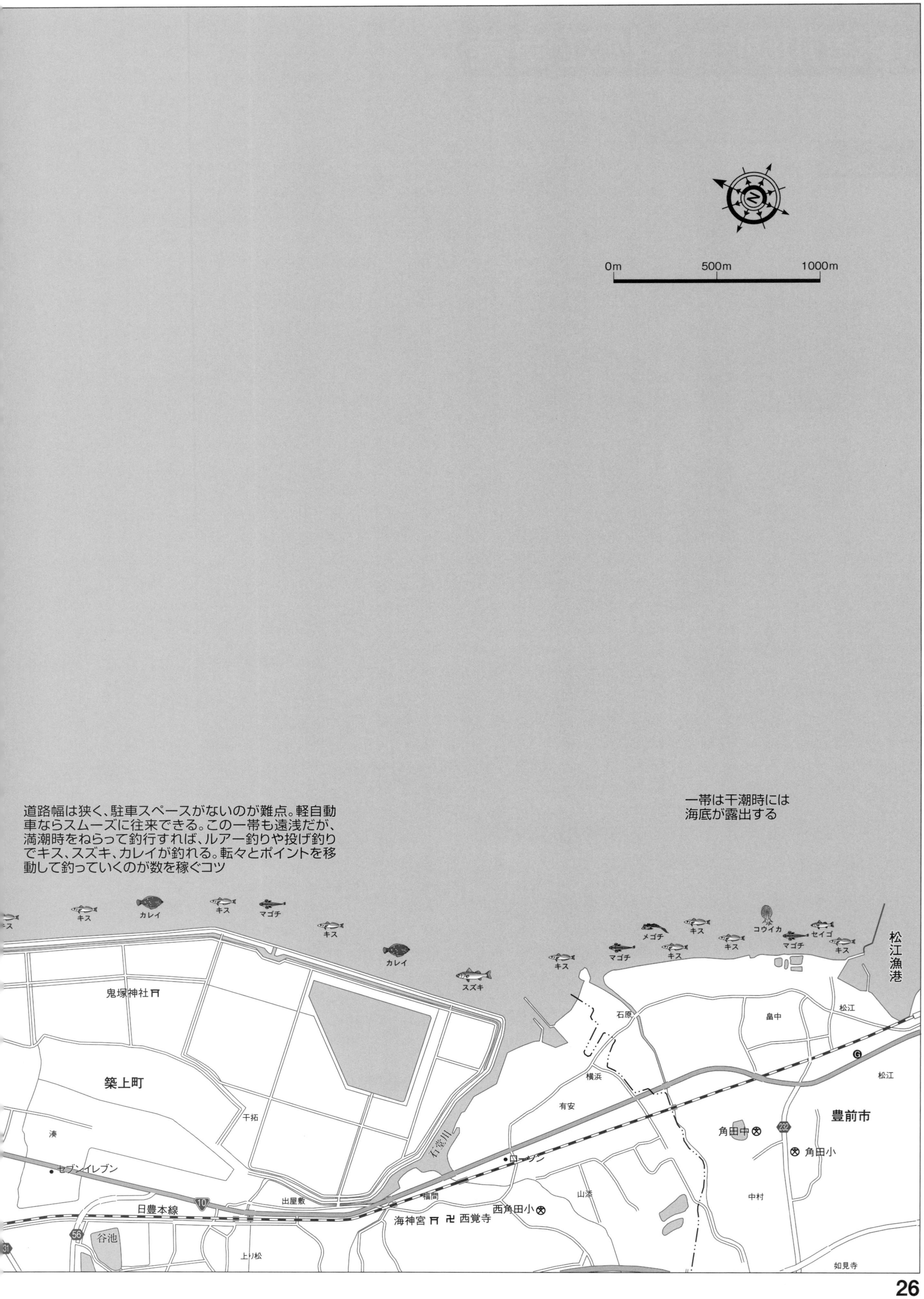
0m
500m
1000m
道路幅は狭く、駐車スペースがないのが難点。軽自動車ならスムーズに往来できる。この一帯も遠浅だが、満潮時をねらって釣行すれば、ルアー釣りや投げ釣りでキス、スズキ、カレイが釣れる。転々とポイントを移動して釣っていくのが数を稼ぐコツ
一帯は干潮時には海底が露出する
キス
カレイ
キス
マゴチ
キス
カレイ
スズキ
キス
マゴチ
メゴチ
キス
キス
キス
コウイカ
マゴチ
セイゴ
キス
松江漁港
鬼塚神社
築上町
干拓
湊
セブンイレブン
石堂川
出屋敷
10
日豊本線
56
谷池
31
上り松
福間
海神宮
西覚寺
西角田小
ローソン
石原
横浜
有安
山添
畠中
松江
松江
豊前市
角田中
232
角田小
中村
如見寺

松江《しょうえ》漁港《ぎょこう》～西《にし》八田《はった》漁港《ぎょこう》

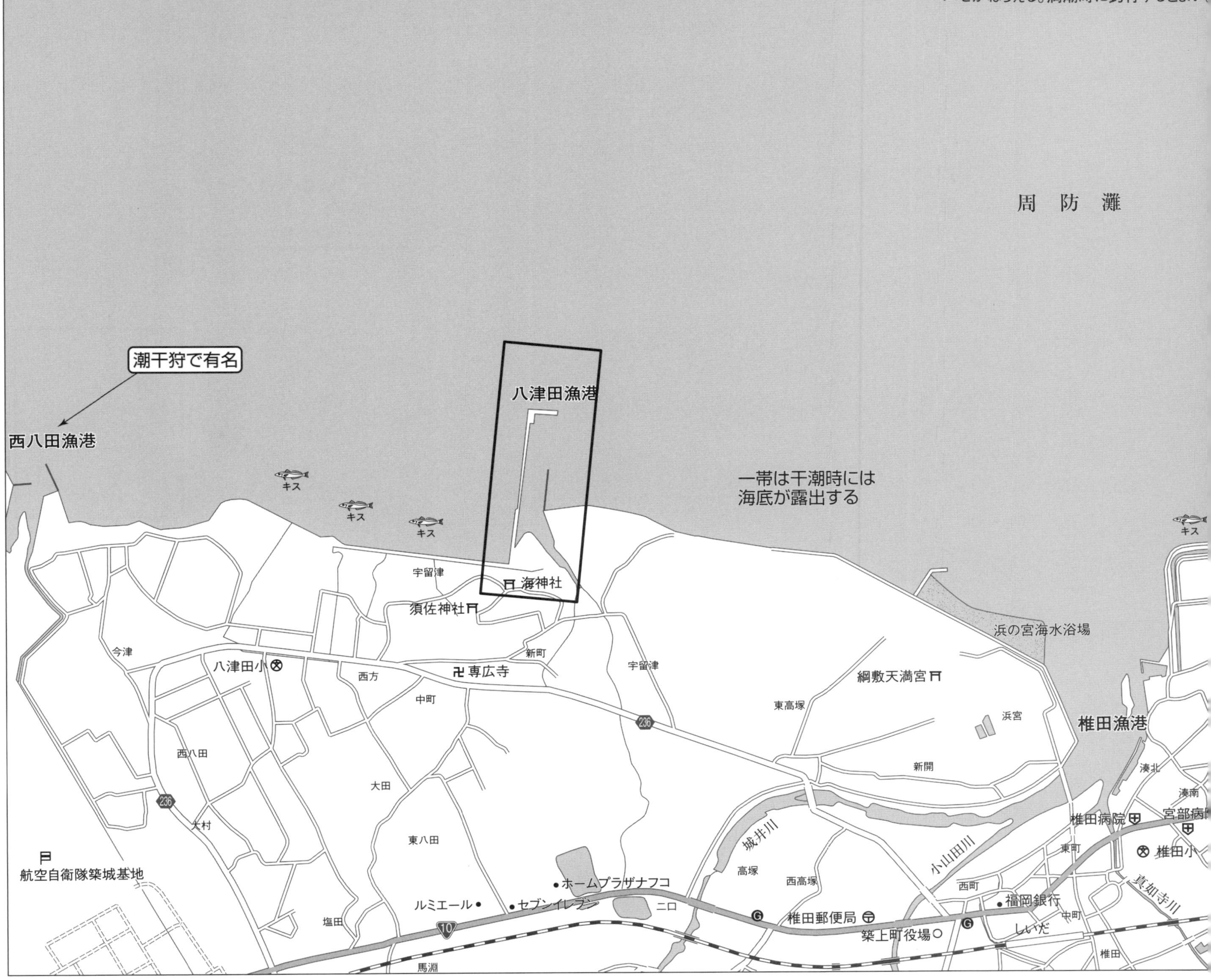

潮干狩で有名
西八田漁港
キス
キス
キス
八津田漁港
一帯は干潮時には
海底が露出する
周　防　灘
キス
宇留津
海神社
須佐神社
浜の宮海水浴場
今津
八津田小
西方
専広寺
新町
宇留津
網敷天満宮
中町
東高塚
浜宮
椎田漁港
236
西八田
新開
大田
湊北
236
大村
湊南
城井川
椎田病院
宮部病
東八田
小山田川
東町
椎田小
航空自衛隊築城基地
高塚
西高塚
真如寺川
ホームプラザナフコ
西町
福岡銀行
ルミエール
セブンイレブン
ニロ
椎田郵便局
中町
塩田
10
築上町役場
しいだ
椎田
馬淵

八津田《はった》漁港

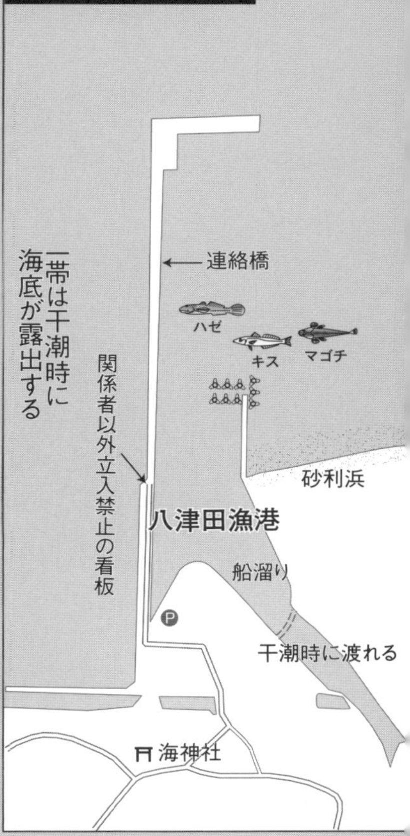

一帯は干潮時に
海底が露出する
連絡橋
ハゼ
キス
マゴチ
関係者以外立入禁止の看板
砂利浜
八津田漁港
船溜り
干潮時に渡れる
海神社

港が連絡橋で結ばれている珍しい漁港。
絡橋のたもとに「立入禁止」の看板がある
残念だが、先端への釣行は慎もう。漁港
南側は砂利浜が続き、そこからマゴチ、キ
ハゼがねらえる。満潮時に釣行するとよい。

稲童《いなど》漁港

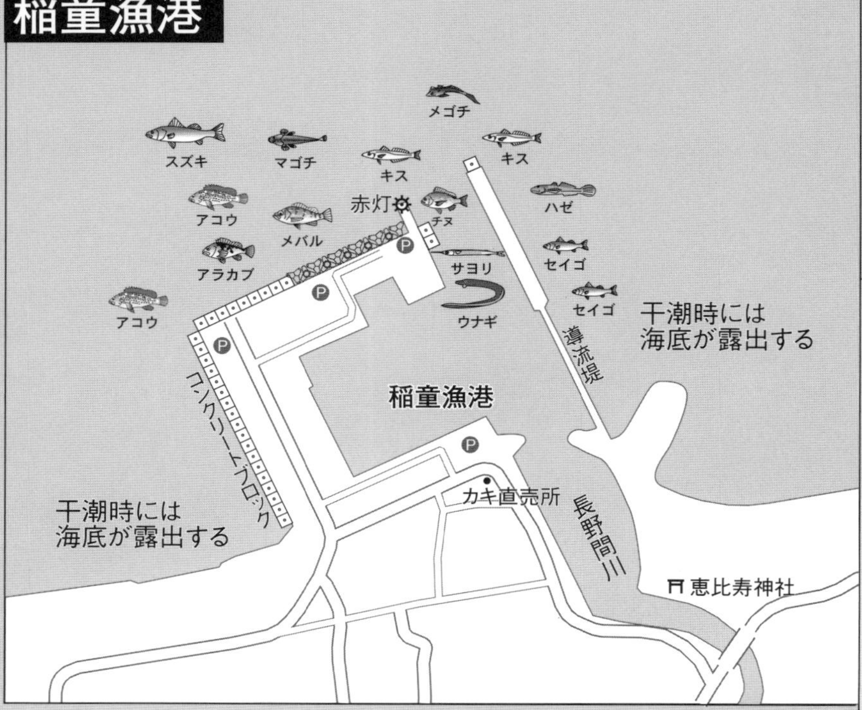

港の外側はコンクリートブロックとテトラで覆われ、赤灯がある短波止周辺がメインの釣り座となる。さらに、回り込んで川を渡れば導流堤がある。ただし、ともに先端周りは投げ釣り禁止。一帯は浅いので満潮前後の釣行を。

西八津田《にしはった》漁港

自衛隊築城基地の南側にひっそりとあるのがここ。一見平凡だが、一帯が遠浅の海の中にあって輝きを放つ。干潮時は例に漏れずここも干上がるが、自衛隊との中間地点だけは水深を保ち、チャネルを形成している。ルアー&エサの両アングラーともここを放っておくのはもったいない。

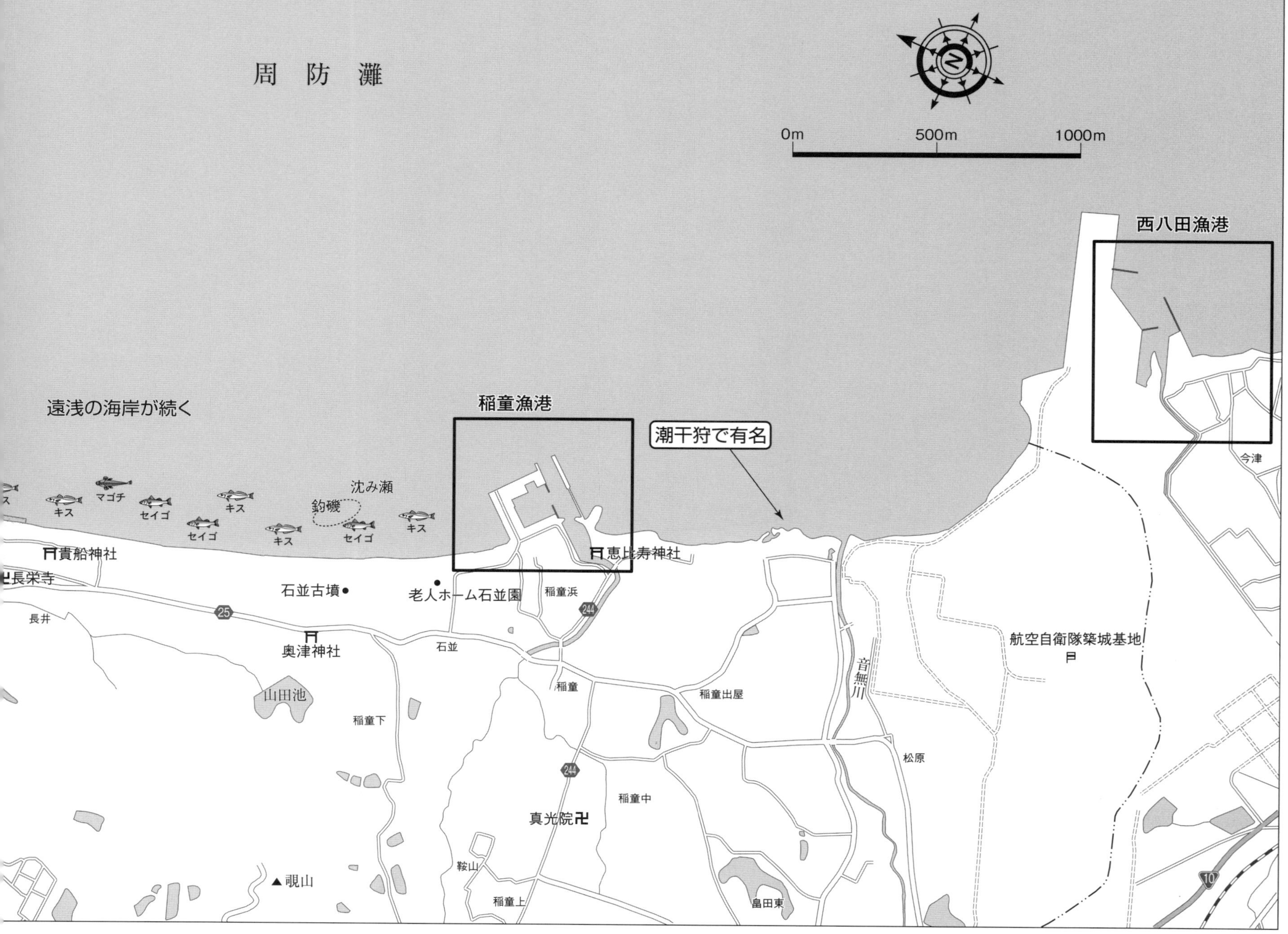

西八田漁港～蓑島漁港

蓑島漁港

沓尾漁港

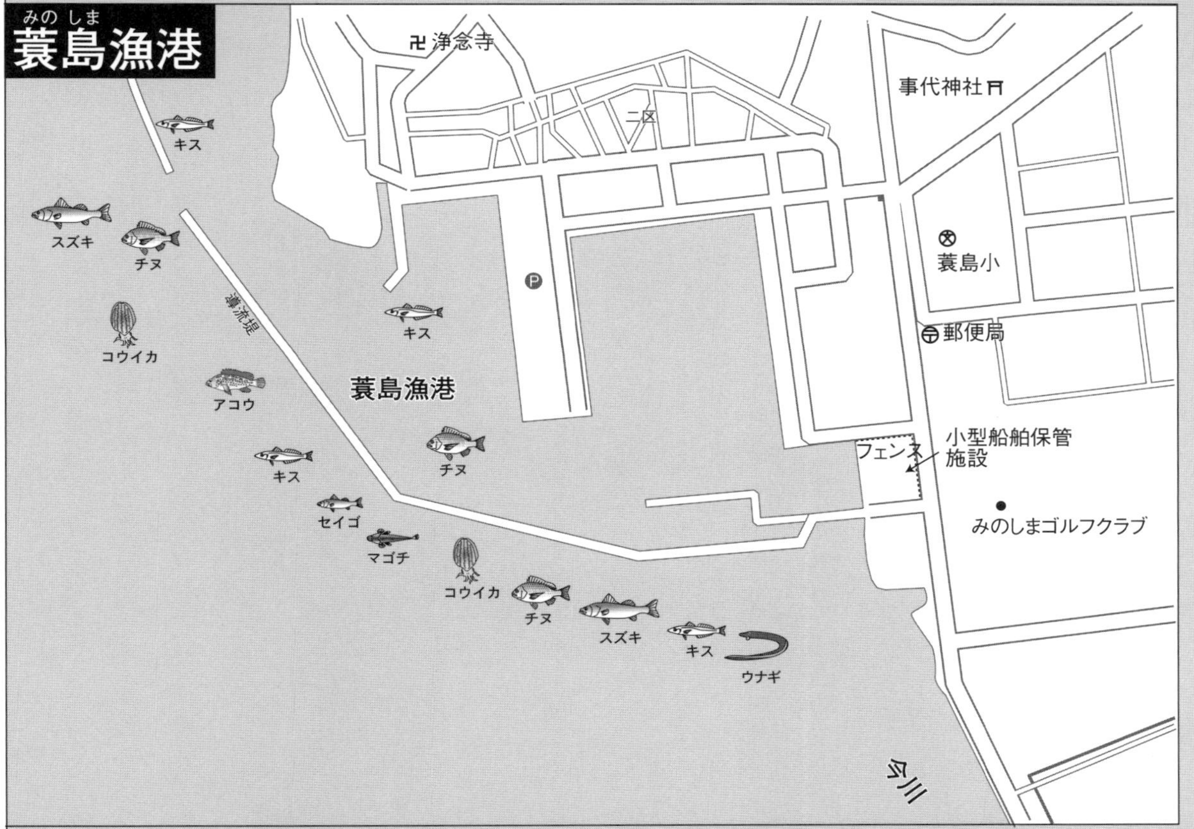

導流堤がメイン釣場。ここへ行くには、導流堤付け根の船舶保管施設を通り抜ける。施設内での駐車は厳禁だが、徒歩で通り抜けるのはOK。駐車やゴミ、騒音などが原因で釣場が封鎖されないようマナーを守って釣りをしよう。近隣の迷惑駐車も厳禁。

車止めがあり、内波止には進入できない。したがって祓川に面した外波止からの釣りが主になり、さらに釣り座は犬走りになる。犬走りを避けて波止付け根から続く岸壁からも釣りが可能。

この一帯を境に東岸は遠浅、潟の海岸線が続くようになり西岸は海岸線の水深が増していく

ウナギの実積多い

つりひこ TEL 0930-23-9639

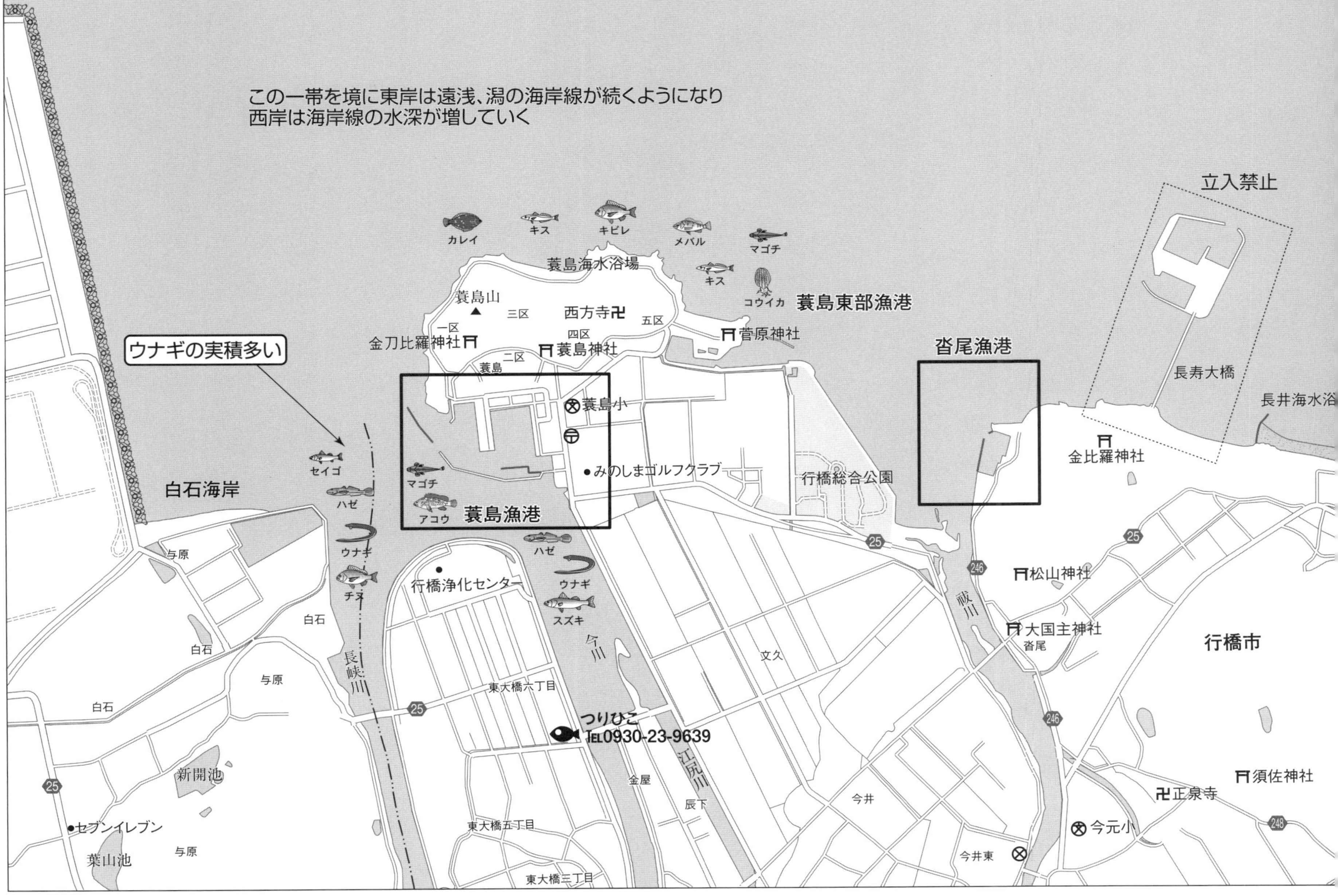

白《しろ》石《いし》海《かい》岸《がん》～朽《くさ》網《み》川《がわ》河《か》口《こう》黒《くろ》崎《さき》海《かい》岸《がん》

苅田港の南部には日産九州工場の広大な敷地があり、その周辺に釣り場が点在する。なかでも南防は釣り人が絶える日がなく、苅田の中でダントツの人気がある。理由は魚種が豊富で型も数も出るところにあり、それを裏づけるように釣り場は水深を有し、潮の流れがよい。この一帯は岸壁の工事がよく行なわれるため、工事車両や作業の妨げにならない配慮が必要。外側にはテトラが入っており、テトラがないのは先端部周りと内側になってしまった。テトラが切れたところが人気ポイント。
旧フェリー埠頭も不動の人気がある。足場がよくフカセ、ファミリーのチョイ投げキス、サビキ、エギングなどいろいろ楽しめる。エギングではコウイカがねらえるほか、数は少ないがアオリイカの実績もある。さらに、底のズル引きに徹してタコをターゲットにすることも可能。
日立金属前、宇部興産前はチヌ、スズキの実績が高く、ここを訪れる多くの人がこのどちらかが目当て。サビキにはアジゴよりコノシロがよく掛かり、時期によってはイワシになることもある。イワシが入ってくれば、チヌやスズキの魚影が多くなる。

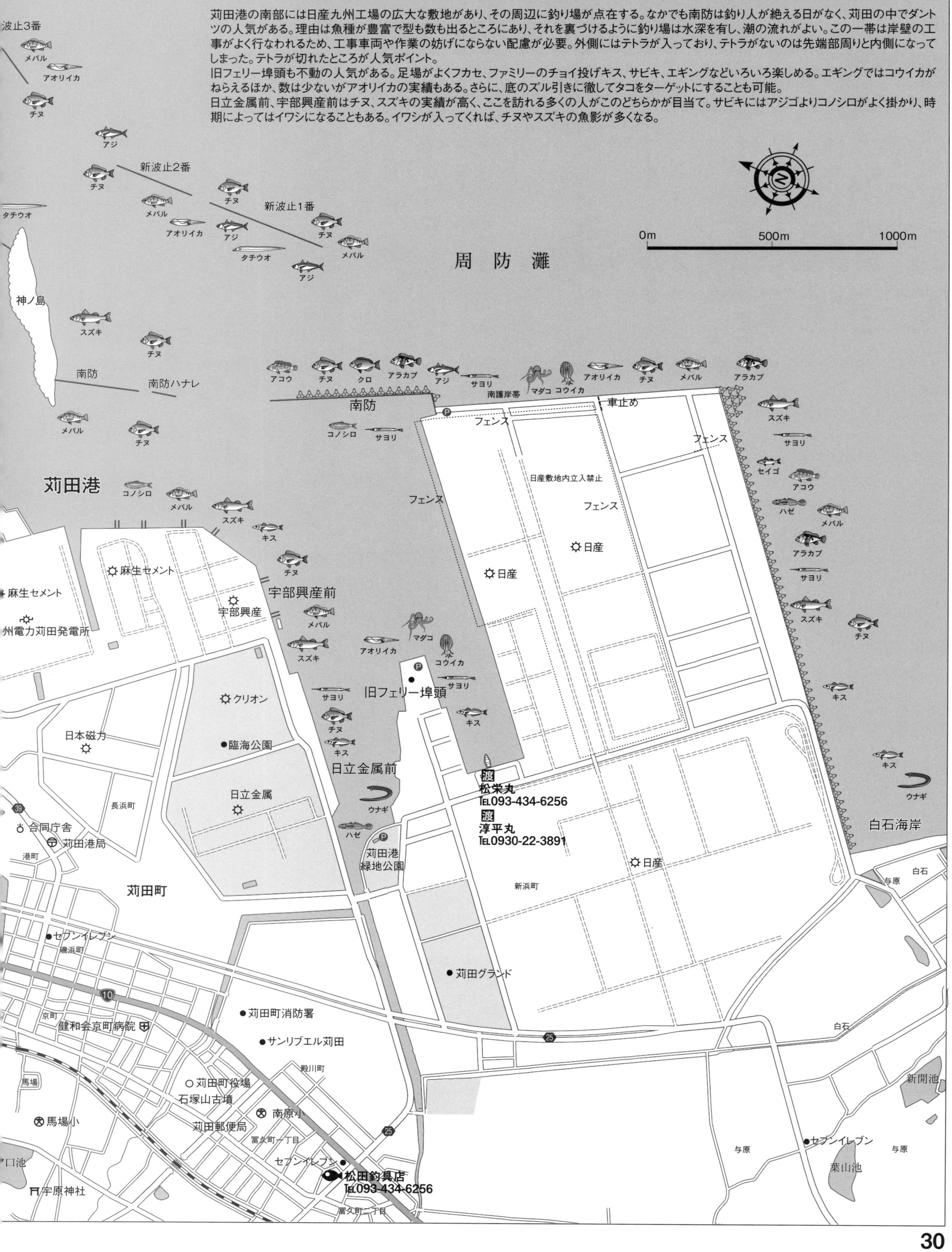

▲北九州空港
連絡橋の下には駐車場があり、その周辺も釣り場。ここを訪れる人は、投げ釣り、フカセ、ルアー、エギングと釣り方はさまざま。足場が高いため、潮回りや潮位によっては落としダモが必要。
スズキ
チヌ
アジ
チヌ
連絡橋
犬走りが高い
カレイ
橋の下にフェンス
赤灯台波止は、南防と人気を二分する釣り場。以前は先端部に集中したが、最近は貯木場に面した駐車スペースから近いところに釣り座を構える人が多い。日中はフカセ、サビキ、チョイ投げ、エギングがメインだが、秋季の夜はタチウオ釣りも面白い。
キス
カレイ
立入禁止
アオリイカ
チヌ
スズキ
スズキ
コウイカ
赤灯
白灯
貯木場
キス
カレイ
メバル
サヨリ
メバル
チヌ
立入禁止
アラカブ
アジ
キス
短波止
キス
245
トヨタ
毛無島
スズキ
一文字
タチウオ
旧貯木場
サヨリ
アオリイカ
アオリイカ
コウイカ
フェンス
コウイカ
キス
コウイカ
九電裏
スズキ
発電所前の交差点を北進し、岸壁の南東側にある一画は通称九電裏と呼ばれている。チヌ、スズキ、コウイカ、タコが定番ターゲット。赤灯台波止に並ぶ人気がある。
アオリイカ
セイゴ
サヨリ
立入禁止
スズキ
カレイ
サヨリ
キス
三菱マテリアル
発電所前
コウイカ
チヌ
戸取神社
苅田漁港
松山
豊鋼材工業
松原町
苅田町総合保健福祉センター
トヨタ自動車
釣り喜知（卓丸
渡 TEL093-434-622
セブンイレブン
ファミリーマート
ファミリーマート
幸町
ローソン
ナフコホームセンター
セブンイレブン
王子製紙
神田町
キス
向山公園
セブンイレブン
ハゼ
25
64
カレイ
苅田小
若久町三丁目
神田町三丁目
日豊本線
黒崎海岸
245
若久町一丁目
かんだ
セブンイレブン
提
254
朽網東六丁目
苅田中
朽網川
北九州市小倉南区
光国
朽網
朽網東五丁目
雨窪
TOTO工場
朽網東四丁目

●改正SOLAS条約により、立ち入り禁止となっている埠頭などがあります（詳細はP80）。

周防灘
羽島
連絡橋
橋の下にフェンス
カレイ
キス
メバル
チヌ
貯木場
短波止
一文字
旧貯木場
フェンス
トヨタ自動車苅田工場
この海岸線はサオ
をだす場所がない
毛無島
三菱マテリアル工場
苅田町
戸取神社
立入禁止
松山
松原町
セブンイレブン
245
トヨタ自動車
若久町三丁目
導流堤は長いので車の
防犯に気を配ること
ハゼ
メバル
チヌ
王子製紙
立入禁止
遠浅の海岸が
続く
間島
護岸から朽網川河口
で釣ることができる
黒崎海岸
ゴルフセンター
吉田
セブンイレブン
朽網東六丁目
キス
ハゼ
東陶機器工場
コウイカ
一帯には干潮時になると
海底が露出するところが
点在する
アナゴ
ハゼ
キス
ウナギ
ウナギ
キス
ハゼ
キス
ハゼ
キス
吉田二丁目
ハゼ
朽網川
朽網東二丁目
朽網
25
10
くさみ
朽網東一丁目
竹馬川
曽根新田
朽網西一丁目
254
朽網小
朽網西五丁目
朽網西四丁目
中曽根東六丁目
25
朽網西二丁目
セブンイレブン
新曽根
中曽根東五丁目
コスモス薬品
吉田四丁目
上曽根新町
網西三丁目
北九州市小倉南区
田三丁目
中曽根東三丁目
南曽根中
下水処理場
中曽根新町
上曽根二丁目
中曽根東四丁目
曽根東小
上曽根五丁目
田中

漁港の南側は竹馬川河口に面しており、長い導流堤が築かれている。漁港の波止は立入禁止であるため、この導流堤がメインの釣り場。導流堤の付け根は遠浅で、中央部〜先端にかけて釣り座を構える人が多い。

黒崎《くろさき》海岸《かいがん》～新門司《しんもじ》切れ波止

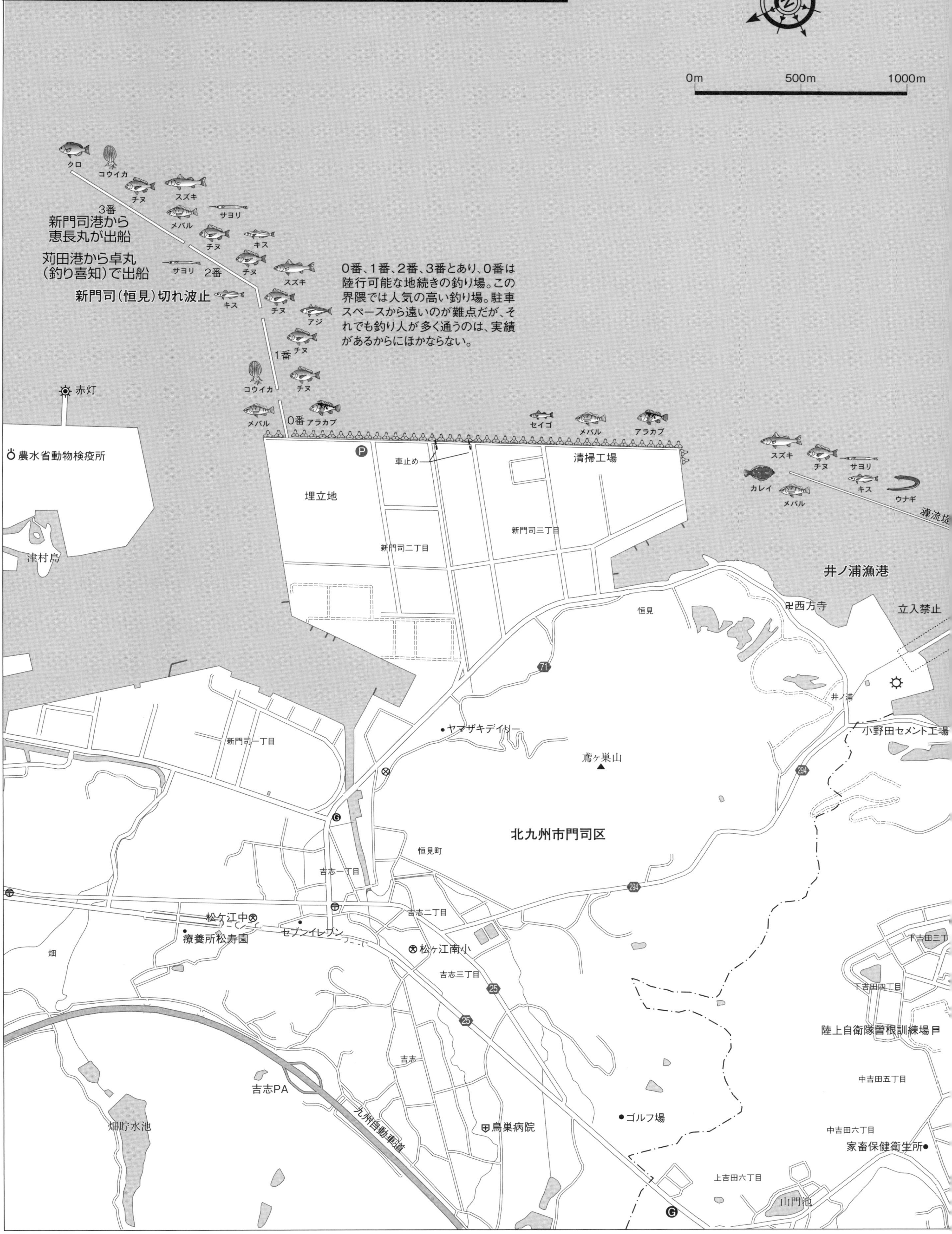
0m
500m
1000m
クロ
コウイカ
チヌ
スズキ
サヨリ
メバル
キス
3番
新門司港から
恵長丸が出船
苅田港から卓丸
（釣り喜知）で出船
2番
新門司（恒見）切れ波止
アジ
1番
0番1番、2番、3番とあり、0番は陸行可能な地続きの釣り場。この界隈では人気の高い釣り場。駐車スペースから遠いのが難点だが、それでも釣り人が多く通うのは、実績があるからにほかならない。
0番
アラカブ
赤灯
農水省動物検疫所
津村島
埋立地
車止め
セイゴ
清掃工場
新門司二丁目
新門司三丁目
カレイ
ウナギ
導流堤
井ノ浦漁港
西方寺
立入禁止
恒見
井ノ浦
小野田セメント工場
ヤマザキデイリー
鳶ヶ巣山
新門司一丁目
北九州市門司区
恒見町
吉志一丁目
吉志二丁目
松ヶ江中
療養所松寿園
セブンイレブン
松ヶ江南小
吉志三丁目
畑
下吉田三丁目
下吉田四丁目
陸上自衛隊曽根訓練場
中吉田五丁目
吉志
吉志PA
九州自動車道
畑貯水池
鳥巣病院
ゴルフ場
中吉田六丁目
家畜保健衛生所
上吉田六丁目
山門池
71
294
25

●改正SOLAS条約により、立ち入り禁止となっている埠頭などがあります（詳細はP80）。

新門司《しんもじ》マリーナ

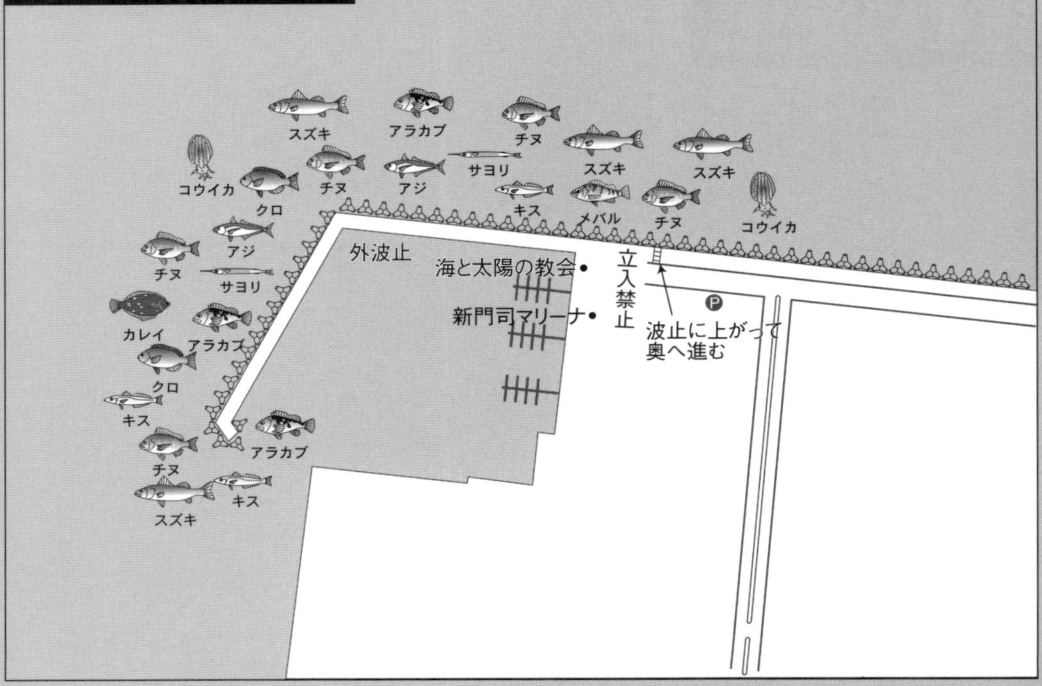

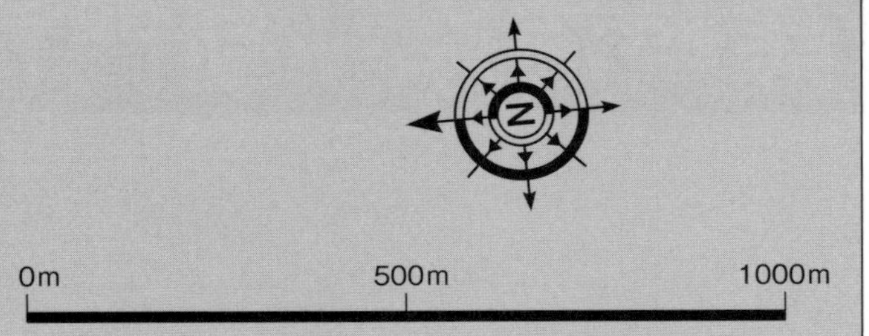

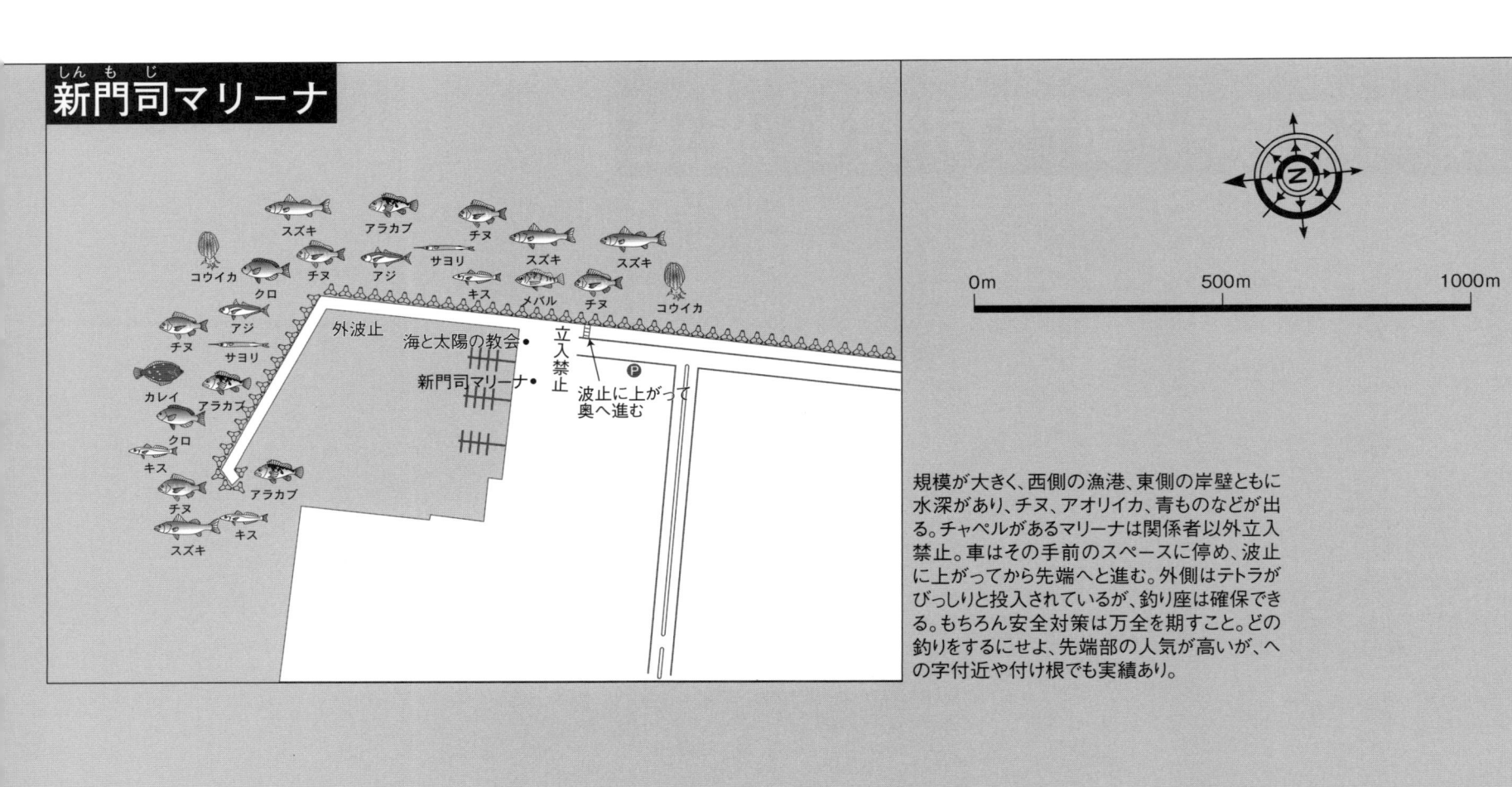

規模が大きく、西側の漁港、東側の岸壁ともに水深があり、チヌ、アオリイカ、青ものなどが出る。チャペルがあるマリーナは関係者以外立入禁止。車はその手前のスペースに停め、波止に上がってから先端へと進む。外側はテトラがびっしりと投入されているが、釣り座は確保できる。もちろん安全対策は万全を期すこと。どの釣りをするにせよ、先端部の人気が高いが、への字付近や付け根でも実績あり。

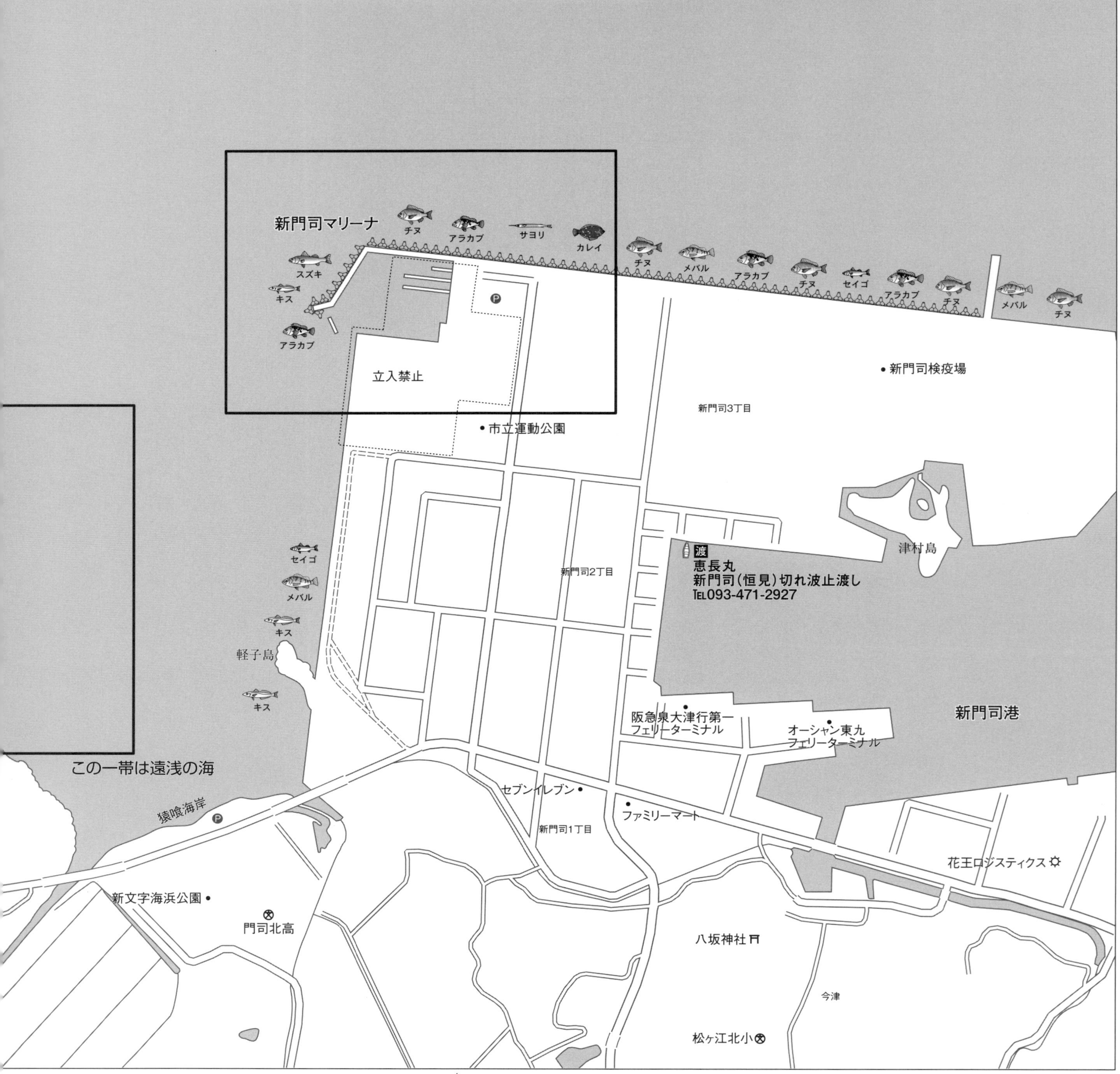

新門司マリーナ〜蕪島

柄杓田漁港

港内に枝波止や切れ波止があるが、メインは外側に位置する赤灯波止と内波止。赤灯波止はテトラが投入されているが、内波止はテトラがなく足場がよい。水深は赤灯波止のほうがある。内波止で釣る時は遠投主体に組み立てるとよい。

- フカセで大型チヌ実績多い
- チニング有望
- 干潮時は海底が露出する
- 上げの五分〜下げの五分にチニング
- 水深は浅め。エサ釣りは満潮時の釣行がベター
- 水深は浅め

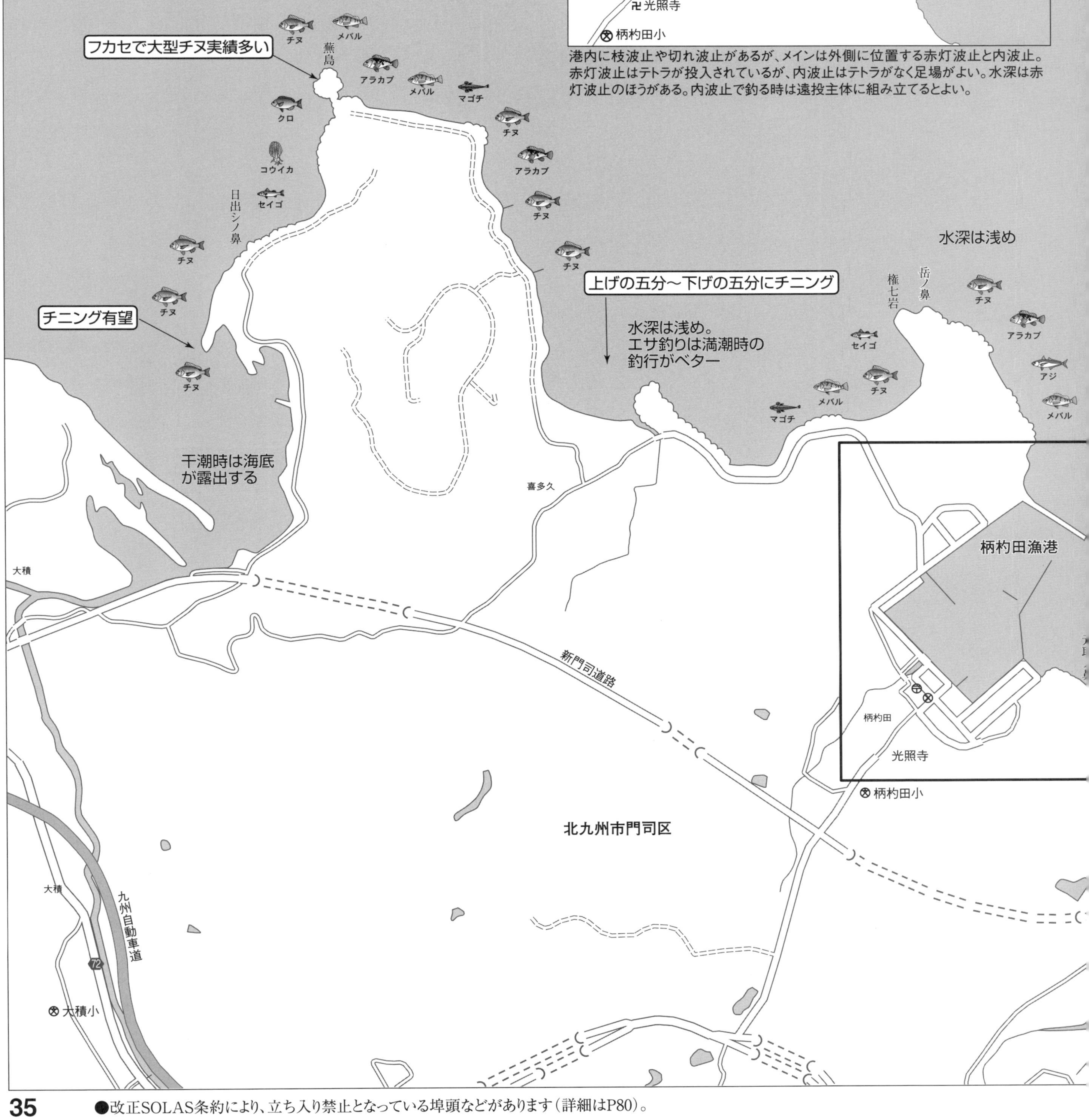

●改正SOLAS条約により、立ち入り禁止となっている埠頭などがあります（詳細はP80）。

白野江《しらのえ》漁港

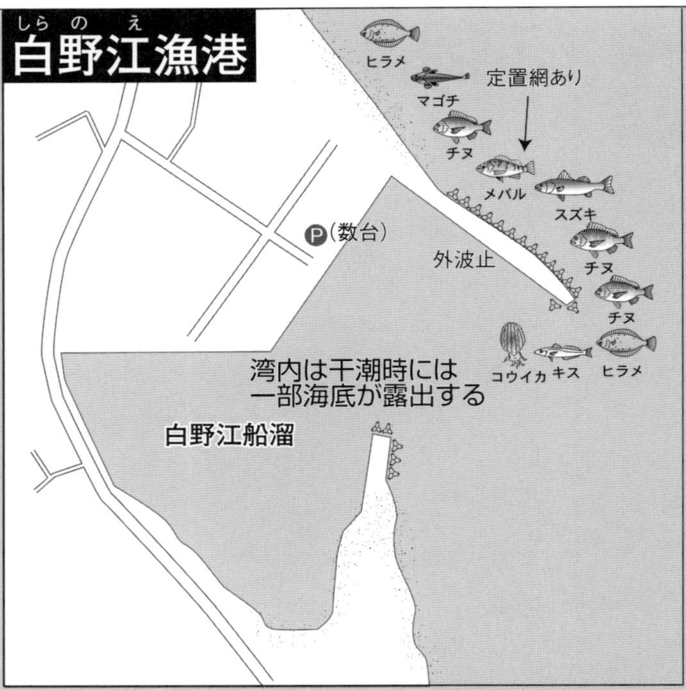

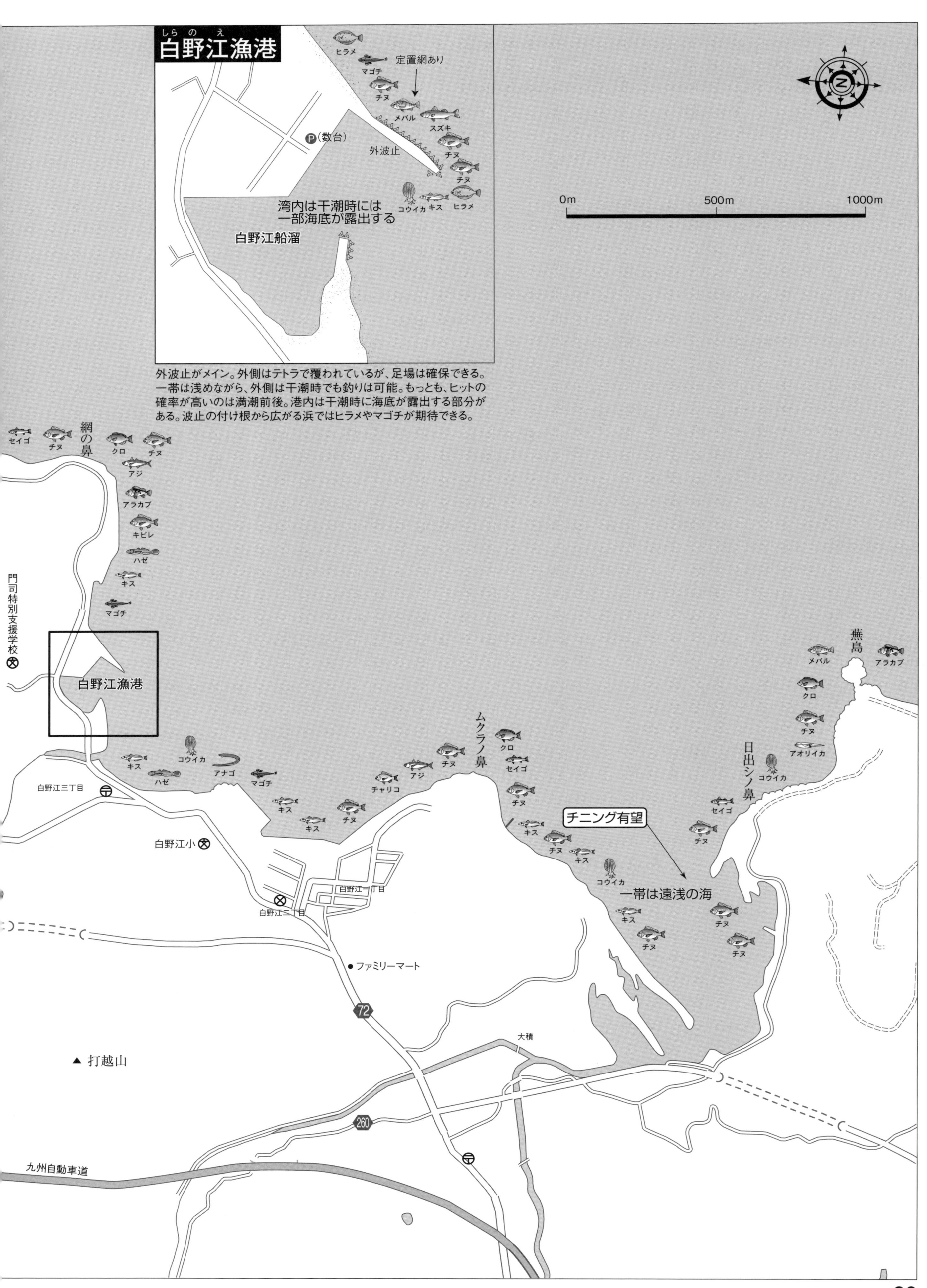

外波止がメイン。外側はテトラで覆われているが、足場は確保できる。一帯は浅めながら、外側は干潮時でも釣りは可能。もっとも、ヒットの確率が高いのは満潮前後。港内は干潮時に海底が露出する部分がある。波止の付け根から広がる浜ではヒラメやマゴチが期待できる。

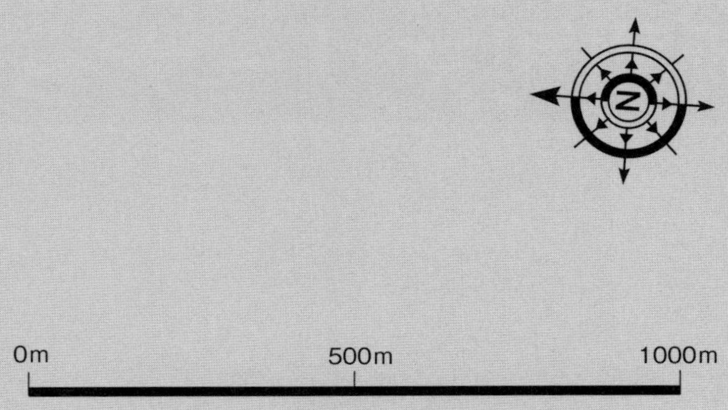

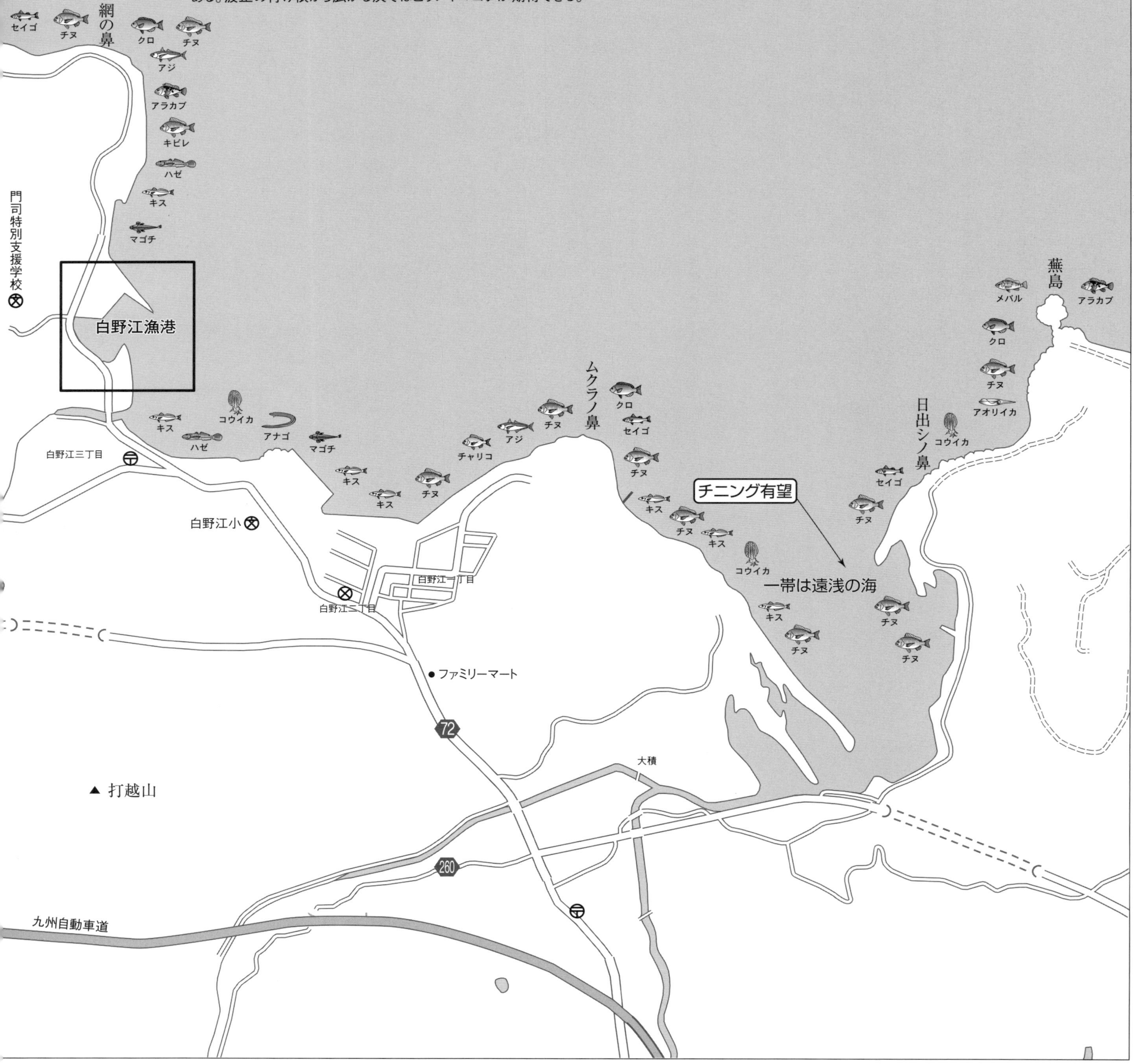

蕪島《かぶらじま》〜太刀浦《たちのうら》

太刀浦は魚種が豊富で人気の高い釣り場。関門海峡に面しているが、太刀浦港内波止は関門海峡の影響を受けにくく、フカセ釣りファンの人気が高い。港の出口はフェンスが張られ、立入禁止となっており、そのフェンスの手前はアオリイカの人気が高く、実績も充分にある。関門海峡に面した岸壁も同様にアオリイカの人気が高い。東流れ、西流れともに潮止まり前後がねらいめ。投げ釣りでは良型のマダイがあがるところでもある。

部崎《へさき》一文字

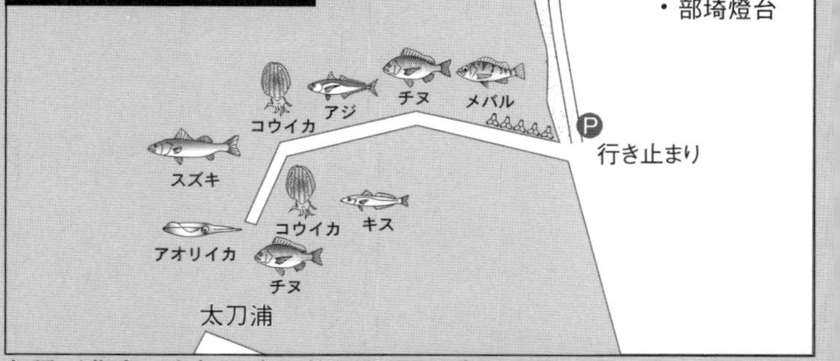

魚種が豊富で人気の高い釣り場。関門海峡に面しているため、関門独特の東流れ、西流れという潮流の影響を色濃く受ける。西流れはまともに潮が当たってくることがあるため、総じて東流れを釣る人が多い。釣り場の手前にある清虚上人像周辺の地磯からも一部釣りができるところがある。

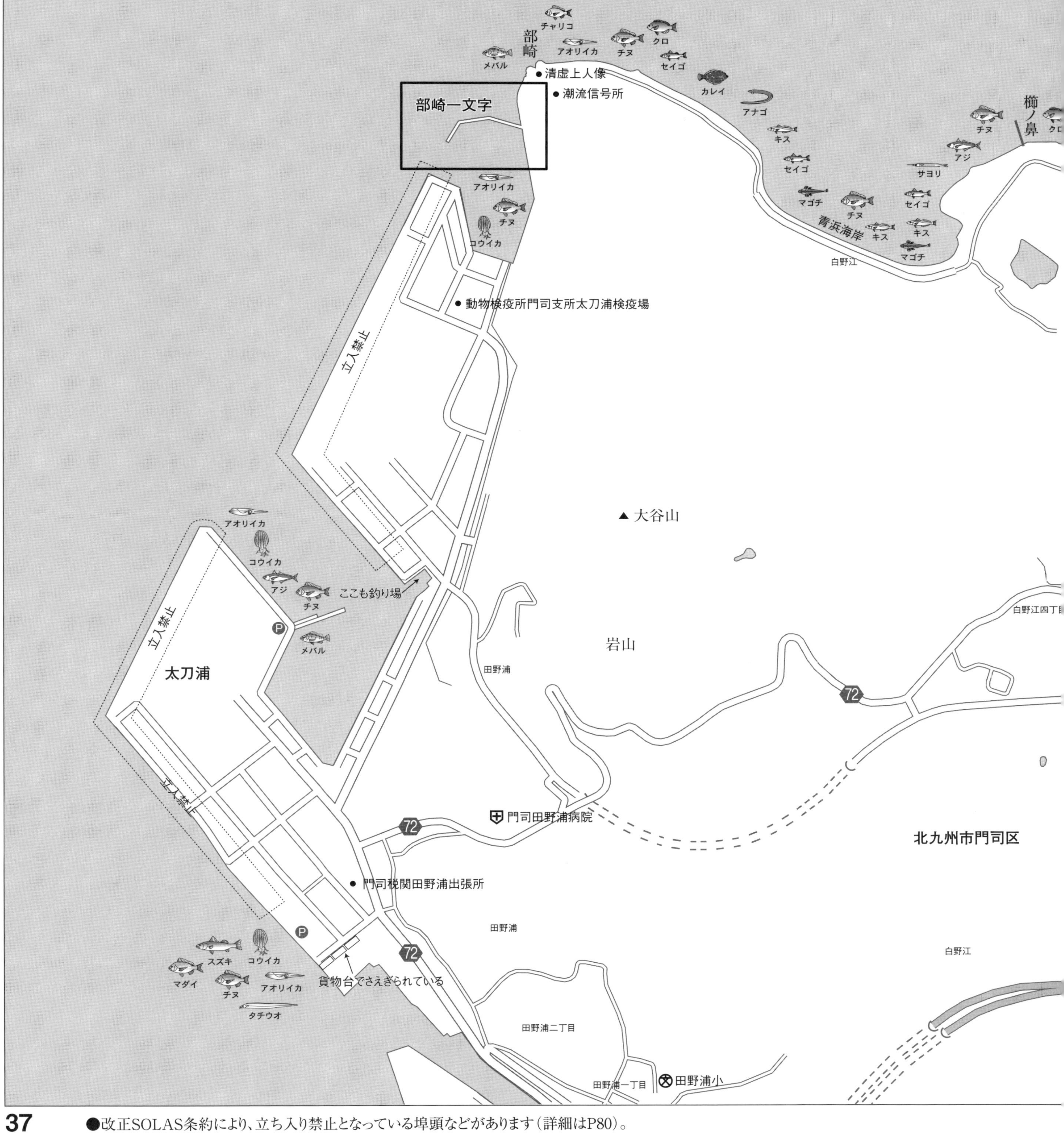

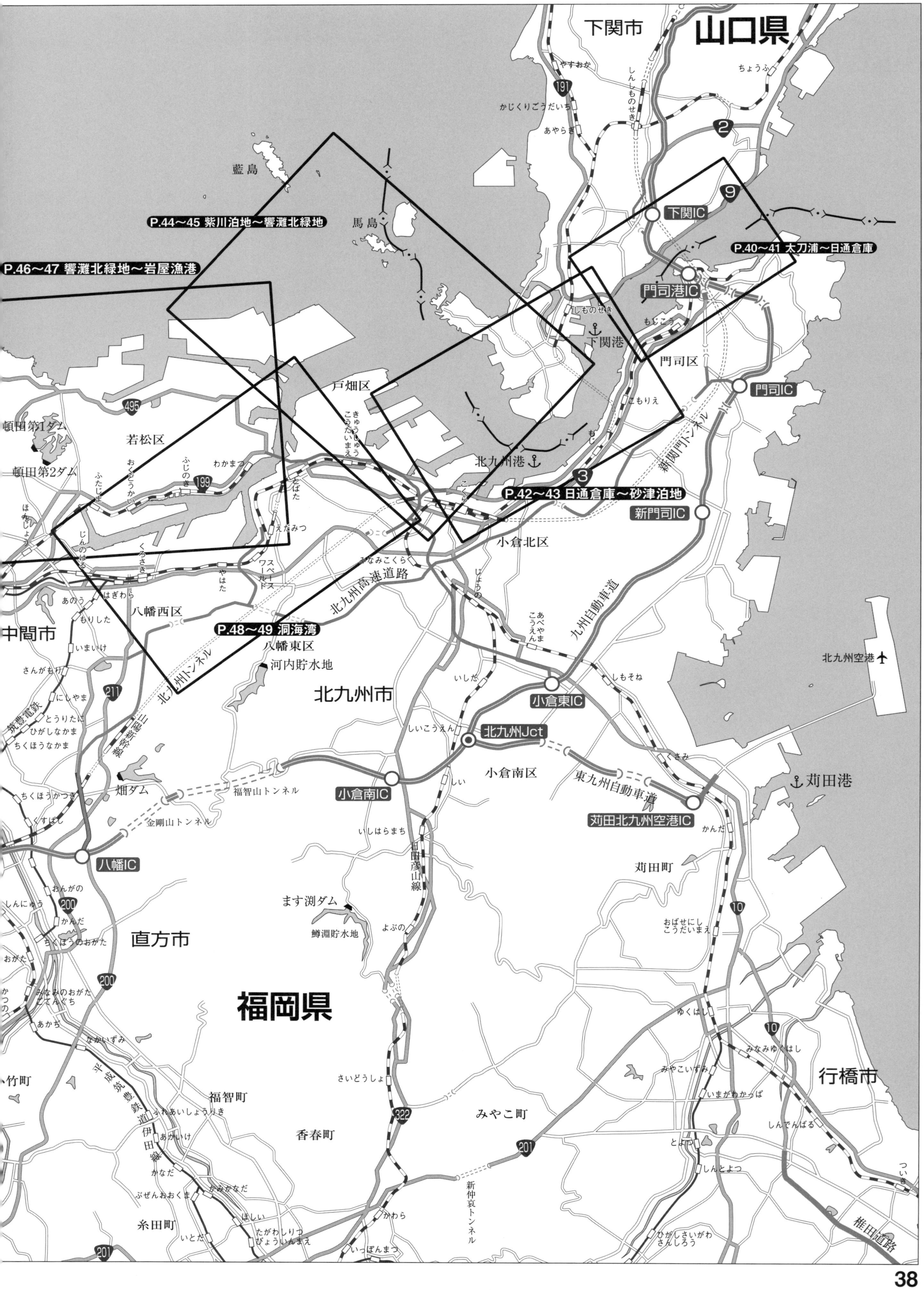
山口県
下関市
やすおか
しんしものせき
ちょうふ
かじくりごうだいち
あやらぎ
藍島
馬島
P.44～45 紫川泊地～響灘北緑地
P.46～47 響灘北緑地～岩屋漁港
P.40～41 太刀浦～日通倉庫
P.42～43 日通倉庫～砂津泊地
P.48～49 洞海湾
下関IC
門司港IC
しものせき
下関港
もじこう
門司区
門司IC
こもりえ
新関門トンネル
戸畑区
きゅうしゅうこうだいまえ
北九州港
若松区
頓田第1ダム
頓田第2ダム
わかまつ
ふじのき
おくどうかい
ふたじま
ほんじょう
じんのはる
くろさき
とばた
えだみつ
スペースワールド
やはた
みなみこくら
こくら
小倉北区
新門司IC
北九州高速道路
じょうの
あのう
はぎわら
もりした
八幡西区
中間市
いまいけ
八幡東区
河内貯水地
北九州トンネル
あべやまこうえん
九州自動車道
いしだ
しもそね
北九州空港
小倉東IC
北九州市
さんがもり
にしやま
とうりたに
ひがしなかま
ちくほうなかま
筑豊電鉄
山陽新幹線
しいこうえん
北九州Jct
くさみ
刈田港
小倉南区
東九州自動車道
苅田北九州空港IC
かんだ
ちくほうかつき
畑ダム
福智山トンネル
金剛山トンネル
小倉南IC
しい
くすばし
八幡IC
いしはらまち
日田彦山線
苅田町
おんがの
しんにゅう
かんだ
ちくほうのおがた
おがた
直方市
ます渕ダム
鱒淵貯水地
よぶの
おばせにしこうだいまえ
かつの
みなみのおがた
こてんぐち
あかぢ
福岡県
ゆくはし
みなみゆくはし
なかいずみ
みやこいずみ
竹町
平成筑豊鉄道伊田線
福智町
さいどうしょ
いまがわかっぱ
行橋市
ふれあいしょうりき
あかいけ
香春町
みやこ町
しんでんばる
かなだ
とよつ
しんとよつ
ぶぜんおおくま
かみかなだ
新仲哀トンネル
ついき
糸田町
ほしい
かわら
いとだ
たがわしりつびょういんまえ
ひがしさいがわさんしろう
いっぽんまつ
椎田道路
191
2
9
3
495
199
211
200
10
322
201

響灘～玄界灘エリア

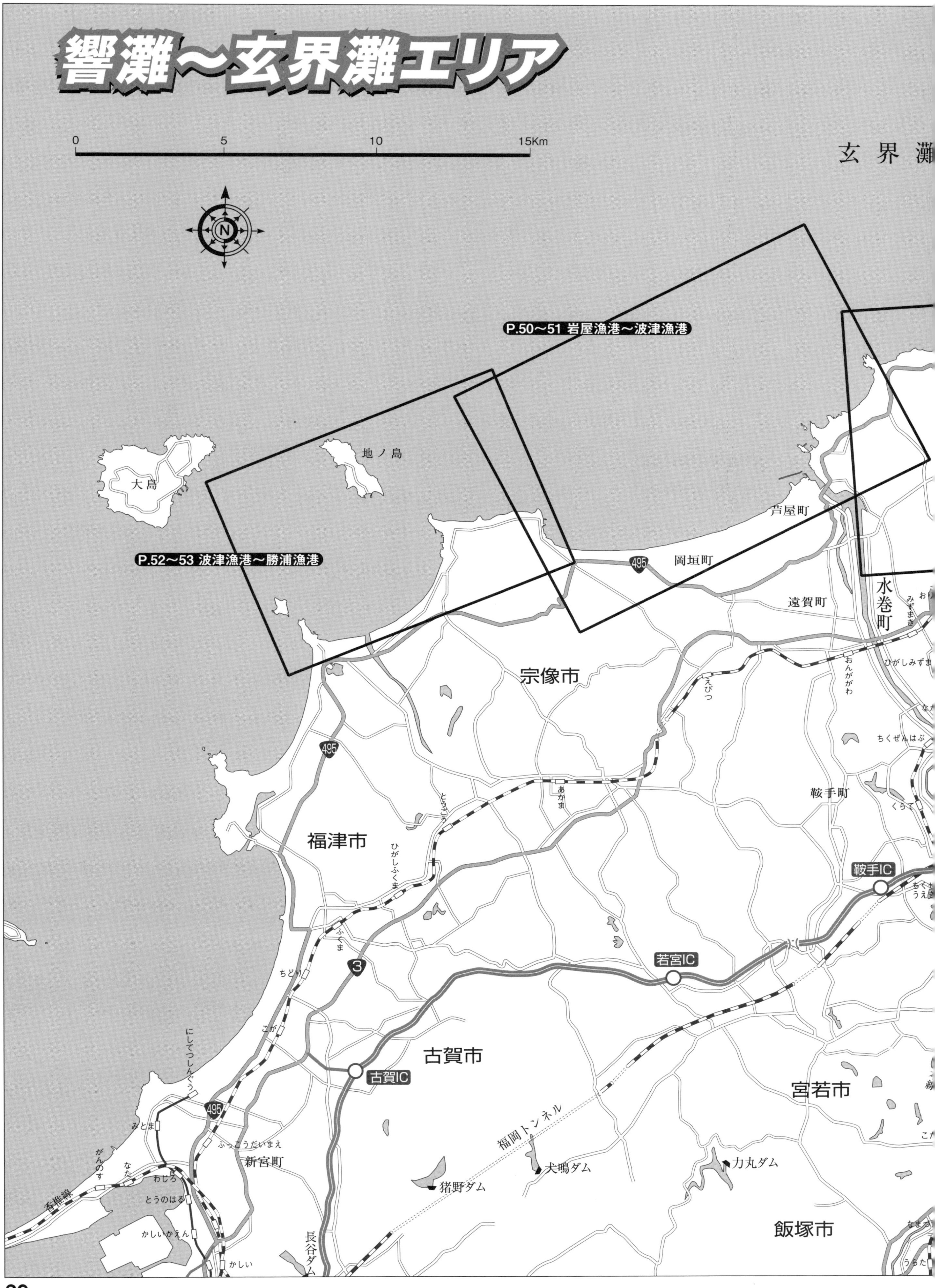
0
5
10
15Km
玄界灘
P.50～51 岩屋漁港～波津漁港
P.52～53 波津漁港～勝浦漁港
地ノ島
大島
芦屋町
岡垣町
495
遠賀町
水巻町
みずまき
ひがしみずまき
おんががわ
えびつ
宗像市
ちくぜんはぶ
鞍手町
くらて
あかま
とうごう
福津市
ひがしふくま
ふくま
鞍手IC
3
ちどり
若宮IC
こが
古賀市
古賀IC
にしてつしんぐう
宮若市
みとま
ふっこうだいまえ
福岡トンネル
がんのす
なた
新宮町
わじろ
力丸ダム
犬鳴ダム
猪野ダム
香椎線
とうのはる
かしいかえん
かしい
長谷ダム
飯塚市

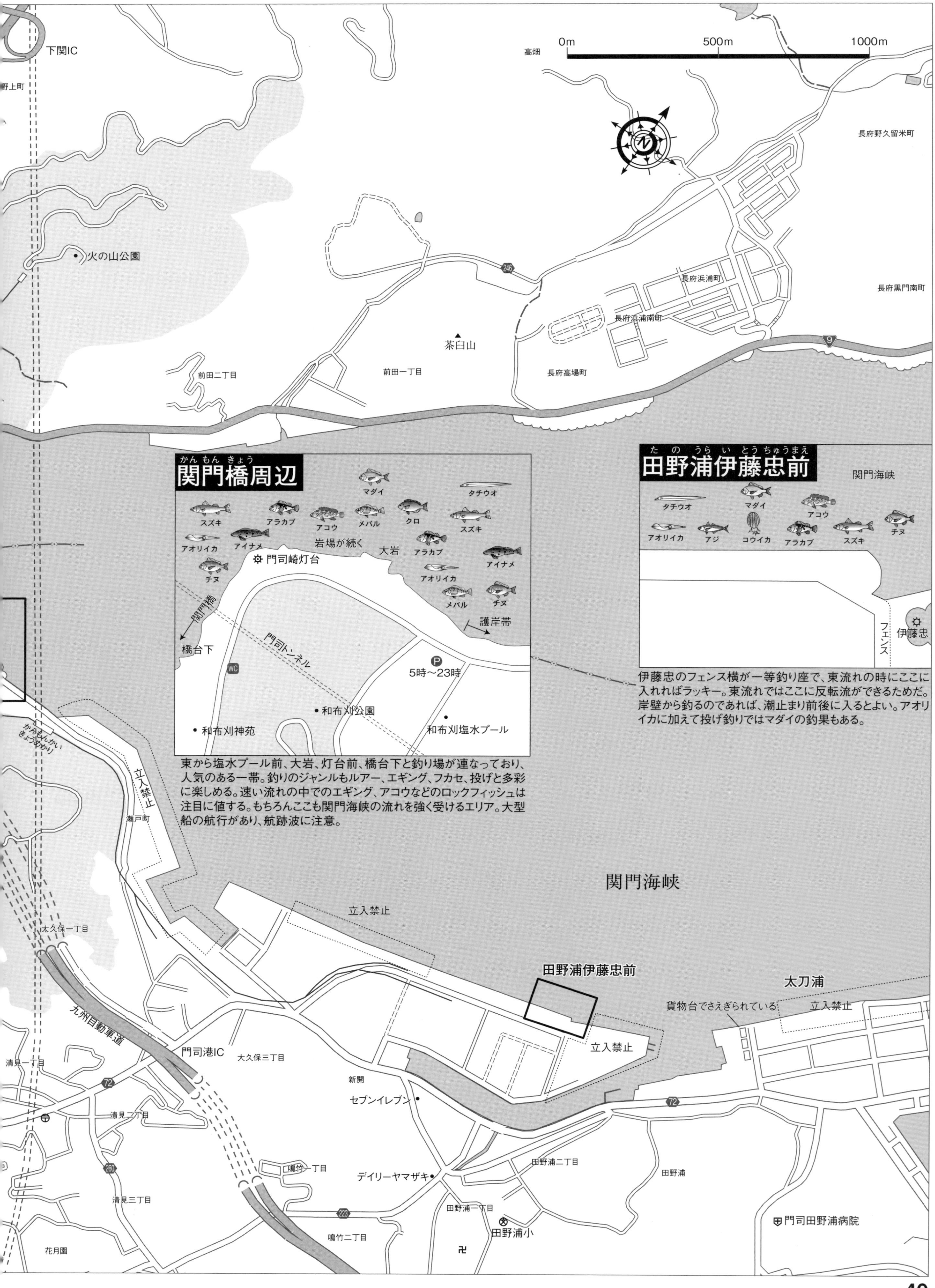

下関IC
0m
500m
1000m
高畑
長府野久留米町
火の山公園
長府浜浦町
長府黒門南町
長府浜浦南町
茶臼山
前田二丁目
前田一丁目
長府高場町
関門海峡
門司崎灯台
岩場が続く
大岩
関門橋
護岸帯
橋台下
門司トンネル
5時〜23時
和布刈公園
和布刈神苑
和布刈塩水プール
スズキ
アラカブ
アコウ
メバル
クロ
マダイ
タチウオ
アオリイカ
アイナメ
チヌ
アジ
コウイカ
フェンス
伊藤忠
立入禁止
瀬戸町
関門海峡
太久保一丁目
九州自動車道
門司港IC
大久保三丁目
田野浦伊藤忠前
太刀浦
貨物台でさえぎられている
清見一丁目
清見二丁目
清見三丁目
新開
セブンイレブン
鳴竹一丁目
デイリーヤマザキ
田野浦二丁目
田野浦
田野浦一丁目
田野浦小
門司田野浦病院
鳴竹二丁目
花月園

関門《かんもん》橋《きょう》周辺

東から塩水プール前、大岩、灯台前、橋台下と釣り場が連なっており、人気のある一帯。釣りのジャンルもルアー、エギング、フカセ、投げと多彩に楽しめる。速い流れの中でのエギング、アコウなどのロックフィッシュは注目に値する。もちろんここも関門海峡の流れを強く受けるエリア。大型船の航行があり、航跡波に注意。

田《た》野《の》浦《うら》伊《い》藤《とう》忠《ちゅう》前《まえ》

伊藤忠のフェンス横が一等釣り座で、東流れの時にここに入れればラッキー。東流れではここに反転流ができるためだ。岸壁から釣るのであれば、潮止まり前後に入るとよい。アオリイカに加えて投げ釣りではマダイの釣果もある。

太《た》刀《ちの》浦《うら》～日《にっ》通《つう》倉《そう》庫《こ》

観《かん》潮《ちょう》遊《ゆう》歩《ほ》道《どう》

橋台下、観潮遊歩道と釣り場が続く。釣れる魚種は関門橋周辺と変わりないが、東流れを釣ることが多い関門橋以東に対し、こちらは西流れを釣る。東流れは潮がまともに釣り座に当たるためだ。一帯は足場がよく釣りやすい。観光地でもあるから充分にマナーに気を配りたい。

門《も》司《じ》西《にし》海岸《かいがん》

通称L岸、O（ゼロ）岸、岸壁の三つの釣り場がある。L岸ではルアー、エギングの釣り人が多く、岸壁はエギングに加えてエサ釣りの人が多い。岸壁から釣るときは西流れがよい。ルアーではスズキ、アラカブに加えてヤズやサワラといった青ものの実績がある。エギングは潮を攻略するテクニカルな楽しみがある。

●改正SOLAS条約により、立ち入り禁止となっている埠頭などがあります（詳細はP80）。

片上一文字《かたがみいちもんじ》

大場所の一つ。チヌの実績はもちろん、ルアー、エギングの人気が高い。釣るなら港内よりも圧倒的に外向きがよい。港内を釣るなら北側の通称ナフコ前か一文字南端付近。東流れのタイミングに入る人が多い。

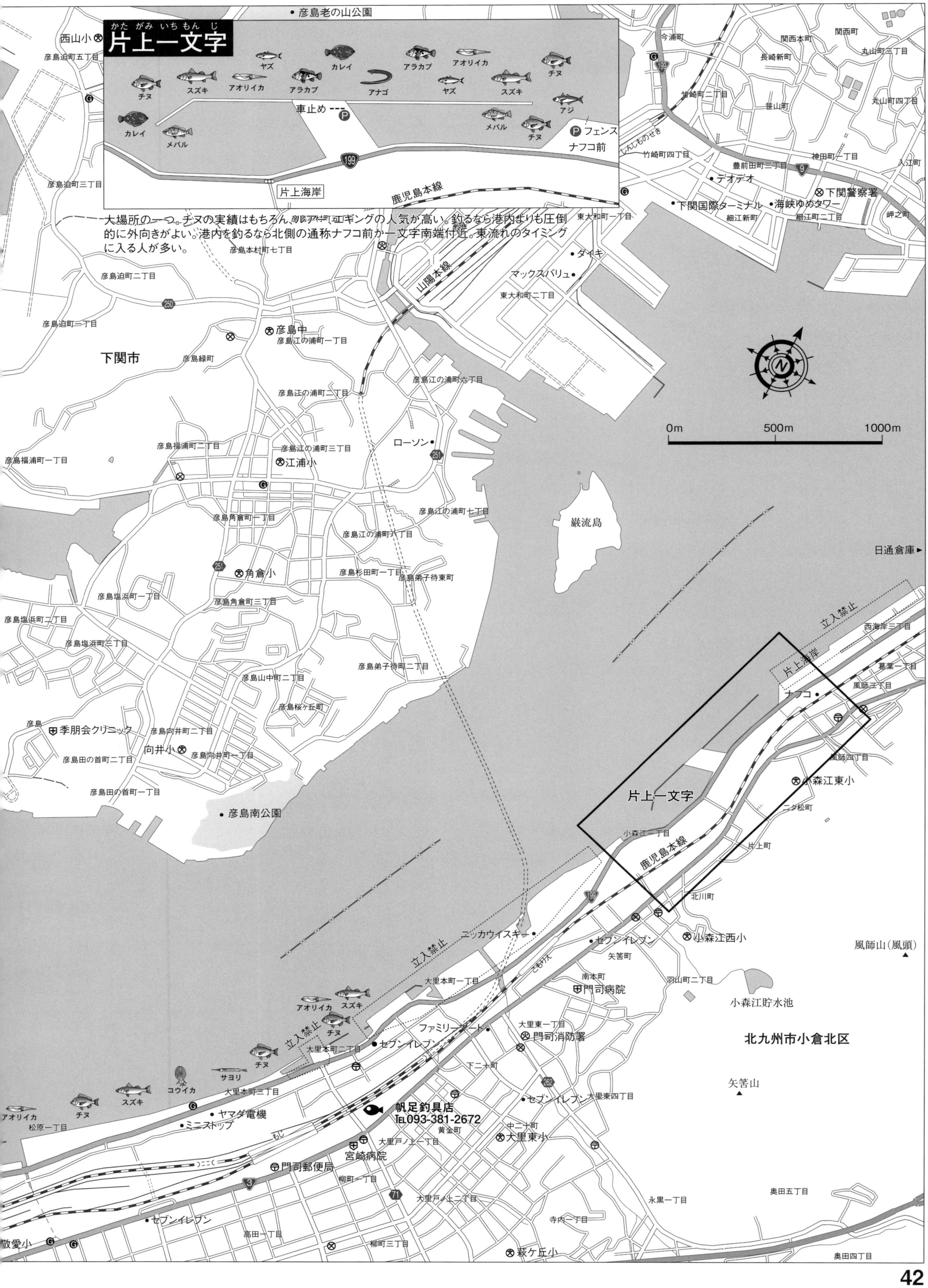

日通倉庫～砂津泊地

日明・海峡釣り桟橋

展望台売店
長浜屋
TEL 093-591-2557

利用時間
4～10月は6～21時
11～3月は7～17時

魚種：メバル、サヨリ、アジ、チヌ、ネリゴ、スズキ、アラカブ、コウイカ、キス、アオリイカ、ヒラメ、ブリ、アイナメ
潮が抜ける
釣り桟橋（無料）

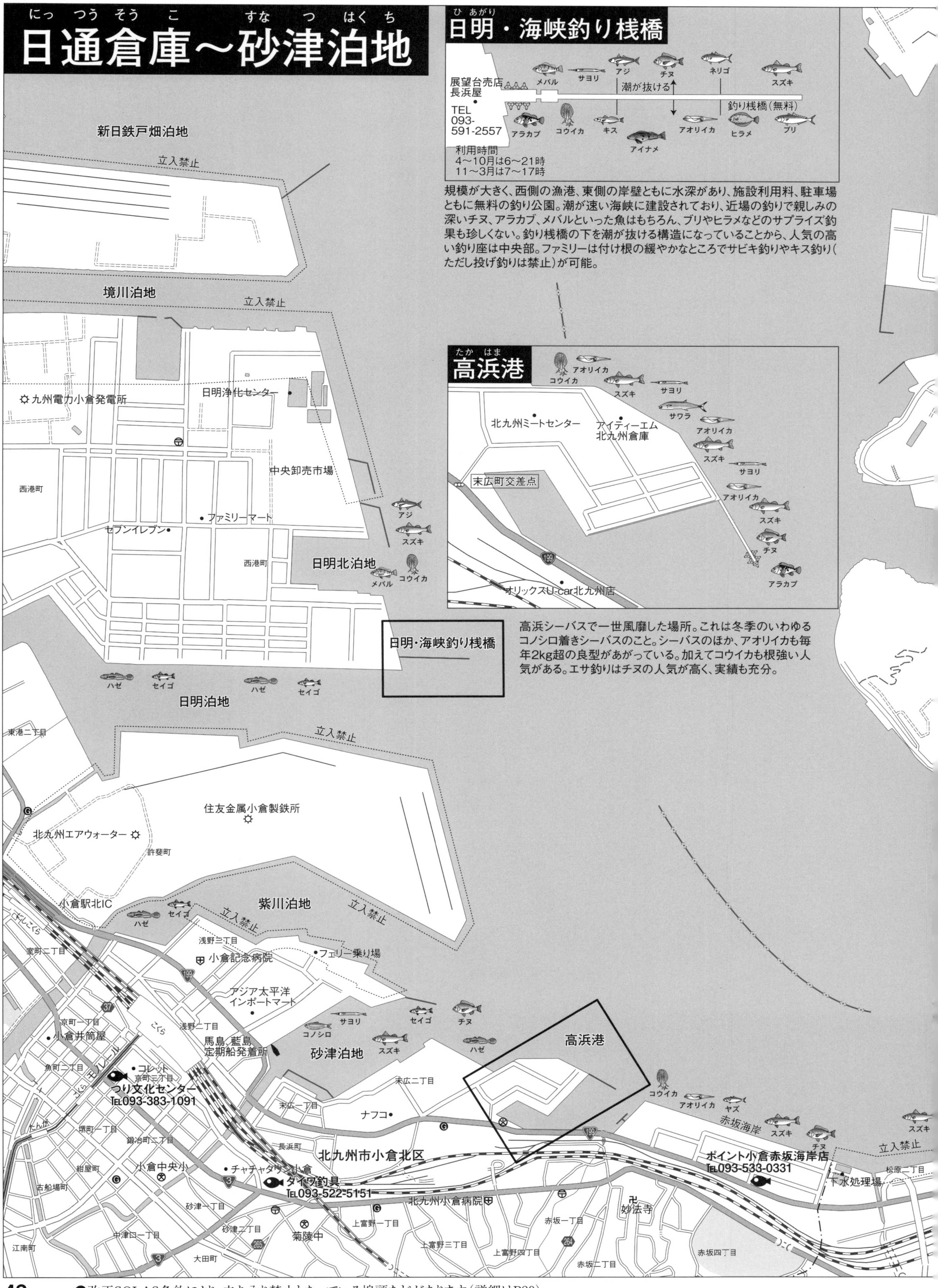

規模が大きく、西側の漁港、東側の岸壁ともに水深があり、施設利用料、駐車場ともに無料の釣り公園。潮が速い海峡に建設されており、近場の釣りで親しみの深いチヌ、アラカブ、メバルといった魚はもちろん、ブリやヒラメなどのサプライズ釣果も珍しくない。釣り桟橋の下を潮が抜ける構造になっていることから、人気の高い釣り座は中央部。ファミリーは付け根の緩やかなところでサビキ釣りやキス釣り（ただし投げ釣りは禁止）が可能。

高浜港

魚種：コウイカ、アオリイカ、スズキ、サヨリ、サワラ、チヌ、アラカブ

高浜シーバスで一世風靡した場所。これは冬季のいわゆるコノシロ着きシーバスのこと。シーバスのほか、アオリイカも毎年2kg超の良型があがっている。加えてコウイカも根強い人気がある。エサ釣りはチヌの人気が高く、実績も充分。

●改正SOLAS条約により、立ち入り禁止となっている埠頭などがあります（詳細はP80）。

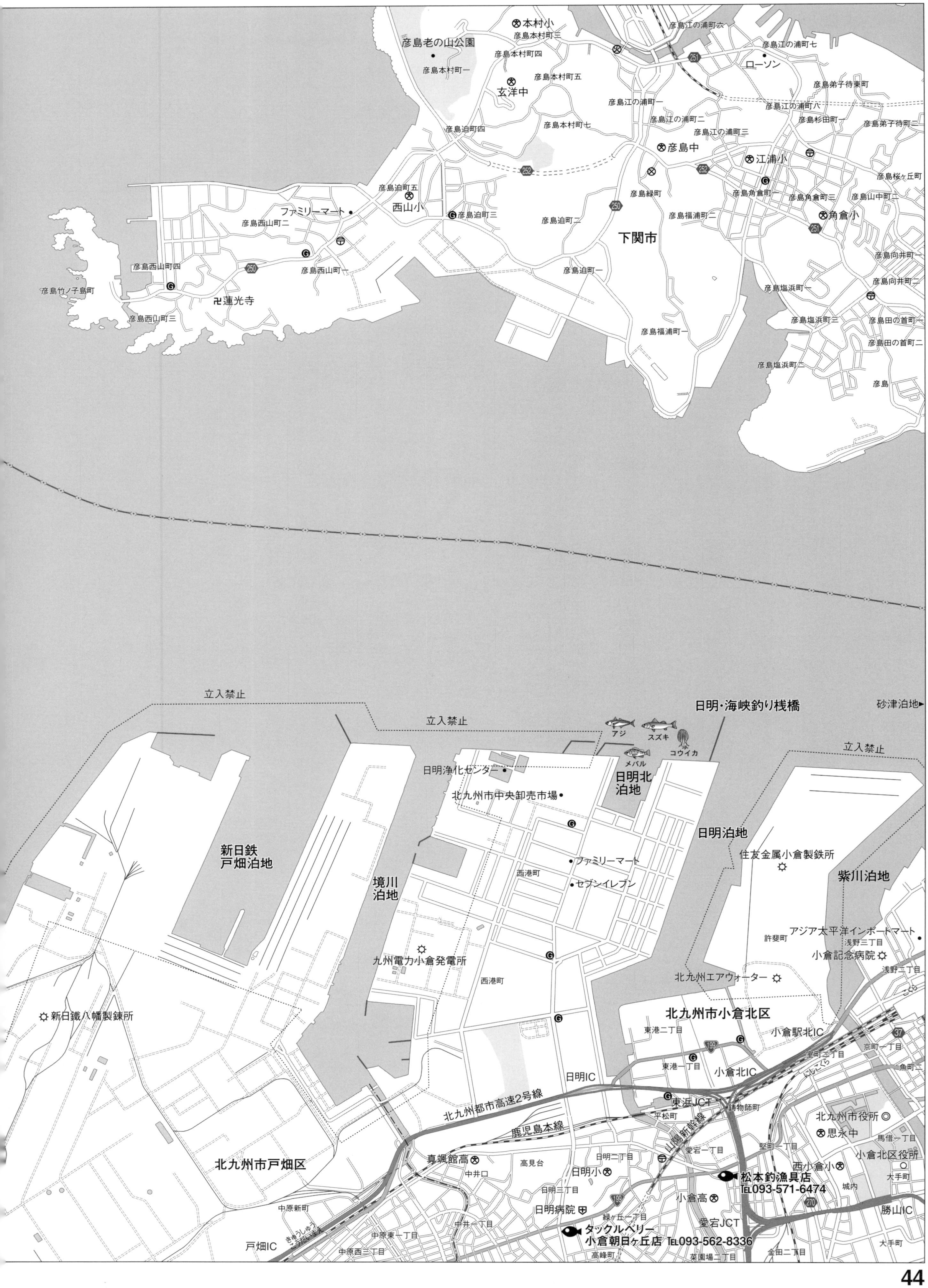

本村小
彦島本村町三
彦島老の山公園
彦島本村町四
彦島本村町一
彦島本村町五
玄洋中
彦島江の浦町六
彦島江の浦町七
251
ローソン
彦島弟子待東町
彦島江の浦町一
彦島江の浦町八
彦島本村町七
彦島江の浦町二
彦島杉田町一
彦島弟子待町三
彦島迫町四
彦島江の浦町三
彦島中
江浦小
252
彦島桜ヶ丘町
彦島迫町五
西山小
彦島緑町
彦島角倉町一
彦島角倉町三
彦島山中町三
ファミリーマート
彦島迫町三
250
彦島迫町二
彦島福浦町二
角倉小
彦島西山町二
下関市
彦島向井町一
彦島西山町四
彦島西山町一
彦島迫町一
彦島向井町二
彦島竹ノ子島町
蓮光寺
彦島塩浜町一
彦島西山町三
彦島塩浜町三
彦島田の首町一
彦島福浦町一
彦島田の首町二
彦島塩浜町二
彦島
立入禁止
立入禁止
日明・海峡釣り桟橋
砂津泊地
アジ
スズキ
コウイカ
メバル
立入禁止
日明浄化センター
日明北泊地
北九州市中央卸売市場
新日鉄戸畑泊地
日明泊地
住友金属小倉製鉄所
ファミリーマート
西港町
セブンイレブン
境川泊地
紫川泊地
アジア太平洋インポートマート
許斐町
浅野三丁目
九州電力小倉発電所
小倉記念病院
浅野二丁目
西港町
北九州エアウォーター
新日鐵八幡製鉄所
北九州市小倉北区
東港二丁目
小倉駅北IC
37
199
京町一丁目
室町三丁目
東港一丁目
小倉IC
魚町二
日明IC
東浜JCT
鋳物師町
北九州都市高速2号線
平松町
山陽新幹線
北九州市役所
鹿児島本線
思永中
馬借一丁目
愛宕一丁目
竪町一丁目
北九州市戸畑区
真颯館高
日明二丁目
小倉北区役所
高見台
西小倉小
中井口
日明小
松本釣漁具店
TEL093-571-6474
大手町
日明三丁目
小倉高
城内
中原新町
199
270
日明病院
緑ヶ丘一丁目
勝山IC
中井一丁目
愛宕JCT
タックルベリー
小倉朝日ヶ丘店 TEL093-562-8336
戸畑IC
中原東一丁目
中原西三丁目
高峰町
菜園場一丁目
金田二丁目
大手町

紫川《むらさきかわ》泊地《はくち》〜響灘《ひびきなだ》北《きた》緑地《りょくち》

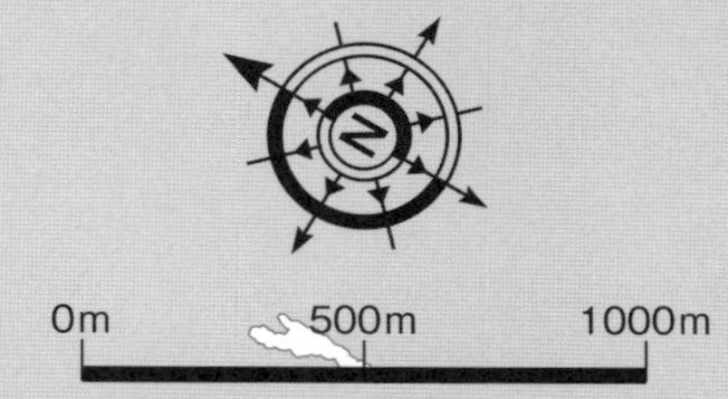

0m
500m
1000m

若《わか》松《まつ》沖波止

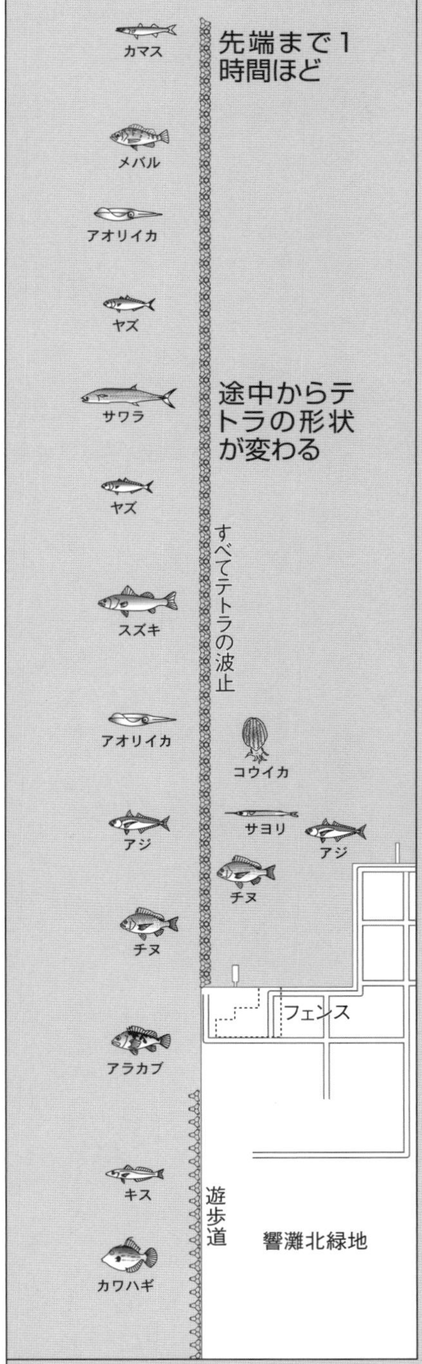

カマス
先端まで1時間ほど
メバル
アオリイカ
ヤズ
サワラ
途中からテトラの形状が変わる
ヤズ
すべてテトラの波止
スズキ
アオリイカ
コウイカ
アジ
サヨリ
アジ
チヌ
チヌ
フェンス
アラカブ
キス
遊歩道
響灘北緑地
カワハギ

沖波止という名称だが、地続きの釣り場。ただし、すべてテトラで作られているので先端まで歩くのは困難を極める。それでも人が通うのは、それだけ釣果に恵まれているからである。メーターオーバーのスズキが出ることで知られ、最近はアオリイカの人気が高い。テトラからの釣りゆえ、荷物を少なくし、足元はもちろん身の安全を第一に釣行すべき。テトラは道具を落とすと回収できないほか、転倒すると命に関わる事故につながりかねないのでくれぐれも注意すること。

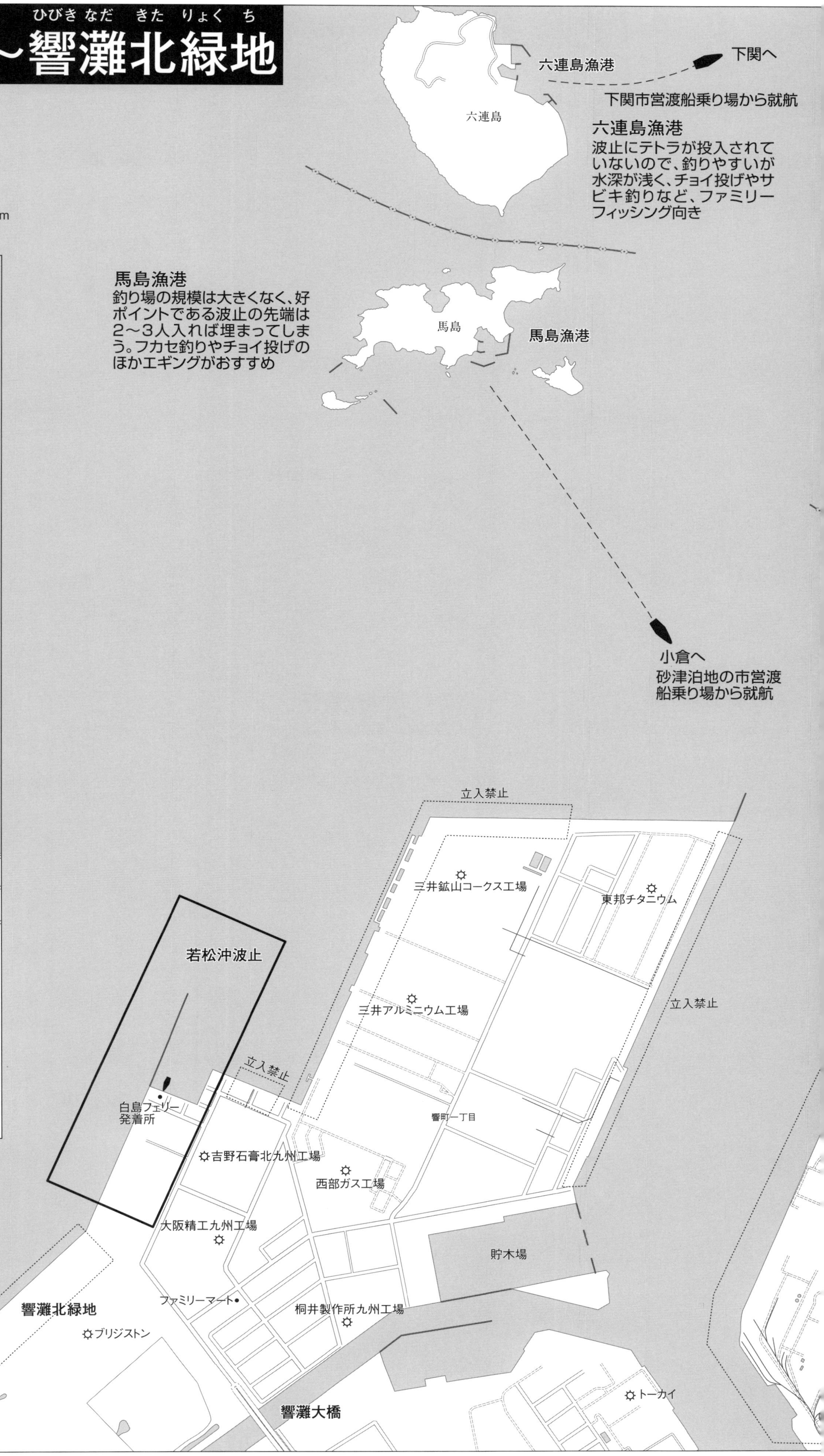

六連島漁港
下関へ
下関市営渡船乗り場から就航
六連島
六連島漁港
波止にテトラが投入されていないので、釣りやすいが水深が浅く、チョイ投げやサビキ釣りなど、ファミリーフィッシング向き
馬島漁港
釣り場の規模は大きくなく、好ポイントである波止の先端は2〜3人入れば埋まってしまう。フカセ釣りやチョイ投げのほかエギングがおすすめ
馬島
馬島漁港
小倉へ
砂津泊地の市営渡船乗り場から就航
立入禁止
三井鉱山コークス工場
東邦チタニウム
若松沖波止
三井アルミニウム工場
立入禁止
立入禁止
白島フェリー発着所
響町一丁目
吉野石膏北九州工場
西部ガス工場
大阪精工九州工場
貯木場
ファミリーマート
桐井製作所九州工場
響灘北緑地
ブリジストン
立入禁止
トーカイ
響灘大橋

響灘《ひびきなだ》大橋下

洞海湾と響灘をつなぐ運河に架けられた大橋の橋脚周り及び護岸帯が釣り場。橋脚周りはアジ、メバル、スズキなどのルアー釣りの好ポイント。護岸帯はフカセ、遠投サビキ釣りなどに向いている。ハリ掛かりしたアジにヒラメがくることも珍しくない。時期によっては手の平〜足の裏のクロが釣れる。

若松切れ波止、藍島へは信福丸が渡している。出港地は若松漁港や若松運河、戸畑埠頭。
信福丸TEL090-3327-9020

若松切れ波止へは孝美丸や雅丸が渡している。出船地は脇ノ浦漁港。
孝美丸TEL090-3017-5148
雅丸TEL090-8839-0125

脇《わき》ノ浦《のうら》漁港

渡 雅丸（出港場所）
TEL090-8839-0125
渡 孝美丸（出港場所）
TEL090-3017-5148

妙見《みょうけん》泊地《はくち》周辺

規模が大きく、西側の漁港、東側の岸壁ともに湾奥にあるため、波止の外側にテトラがないことがよい。ファミリーに最適な釣り場。外波止がここのメイン釣り場で内波止は立入禁止区域。一見地味だが、ナイトメバリングでは思わぬ良型が出ることがある。

黒崎泊地〜妙見泊地にかけてはエサ釣り、ルアー釣りを問わずスズキ、チヌの実績が高い。平日の日中は作業車両の往来が激しいため、作業を終えた時間帯、休日の釣行が望ましい。

響灘北緑地～岩屋漁港

脇田漁港

開園時間
4～10月　：6～19時
11～12月：6～18時
1～3月　：7～17時
料金(1日)一般1000円、小中学生500円
休園日：毎週火曜日（祝日の場合は営業）
TEL093-741-3610

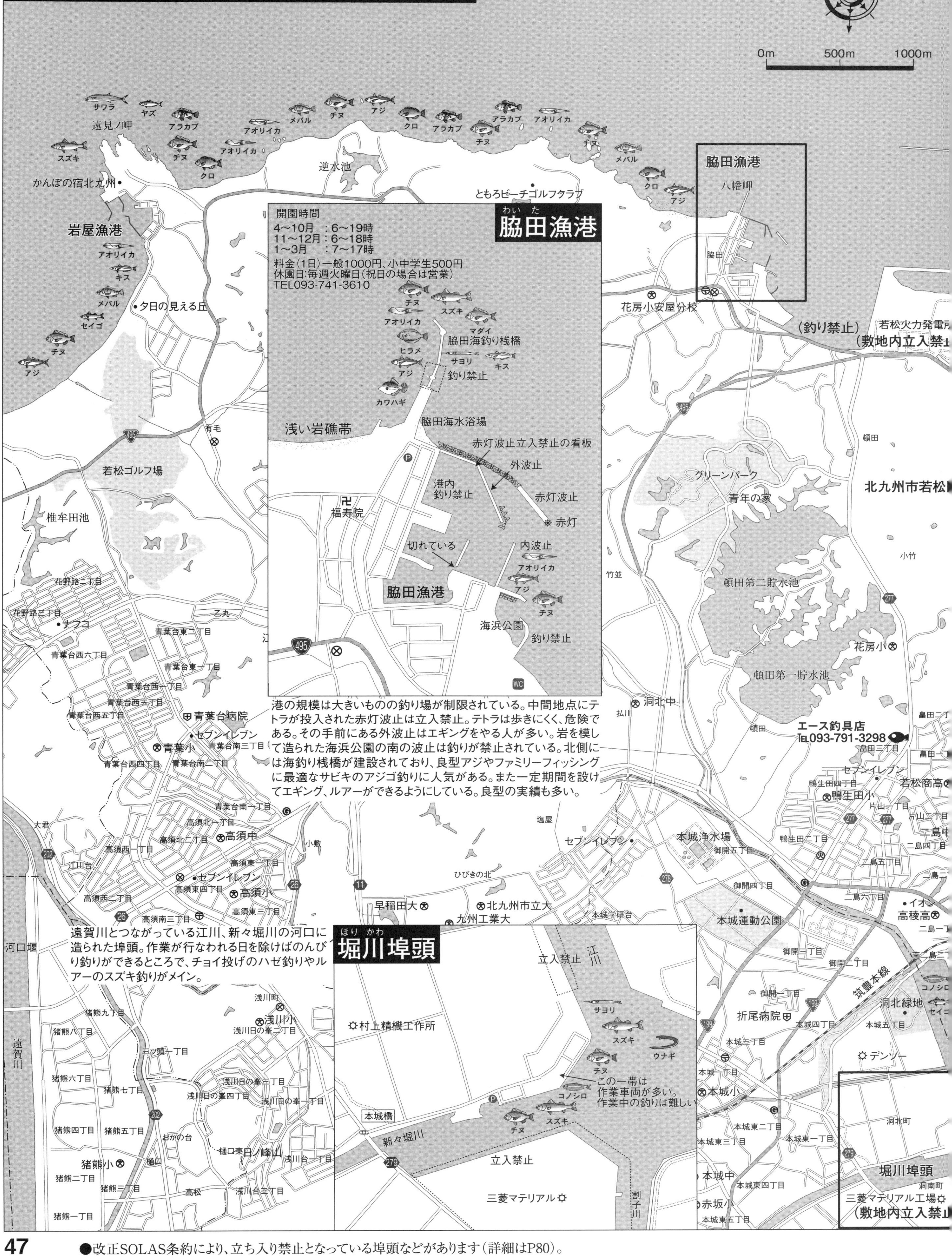

港の規模は大きいものの釣り場が制限されている。中間地点にテトラが投入された赤灯波止は立入禁止。テトラは歩きにくく、危険である。その手前にある外波止はエギングをやる人が多い。岩を模して造られた海浜公園の南の波止は釣りが禁止されている。北側には海釣り桟橋が建設されており、良型アジやファミリーフィッシングに最適なサビキのアジゴ釣りに人気がある。また一定期間を設けてエギング、ルアーができるようにしている。良型の実績も多い。

堀川埠頭

遠賀川とつながっている江川、新々堀川の河口に造られた埠頭。作業が行なわれる日を除けばのんびり釣りができるところで、チョイ投げのハゼ釣りやルアーのスズキ釣りがメイン。

●改正SOLAS条約により、立ち入り禁止となっている埠頭などがあります（詳細はP80）。

戸畑《とばた》漁港周辺

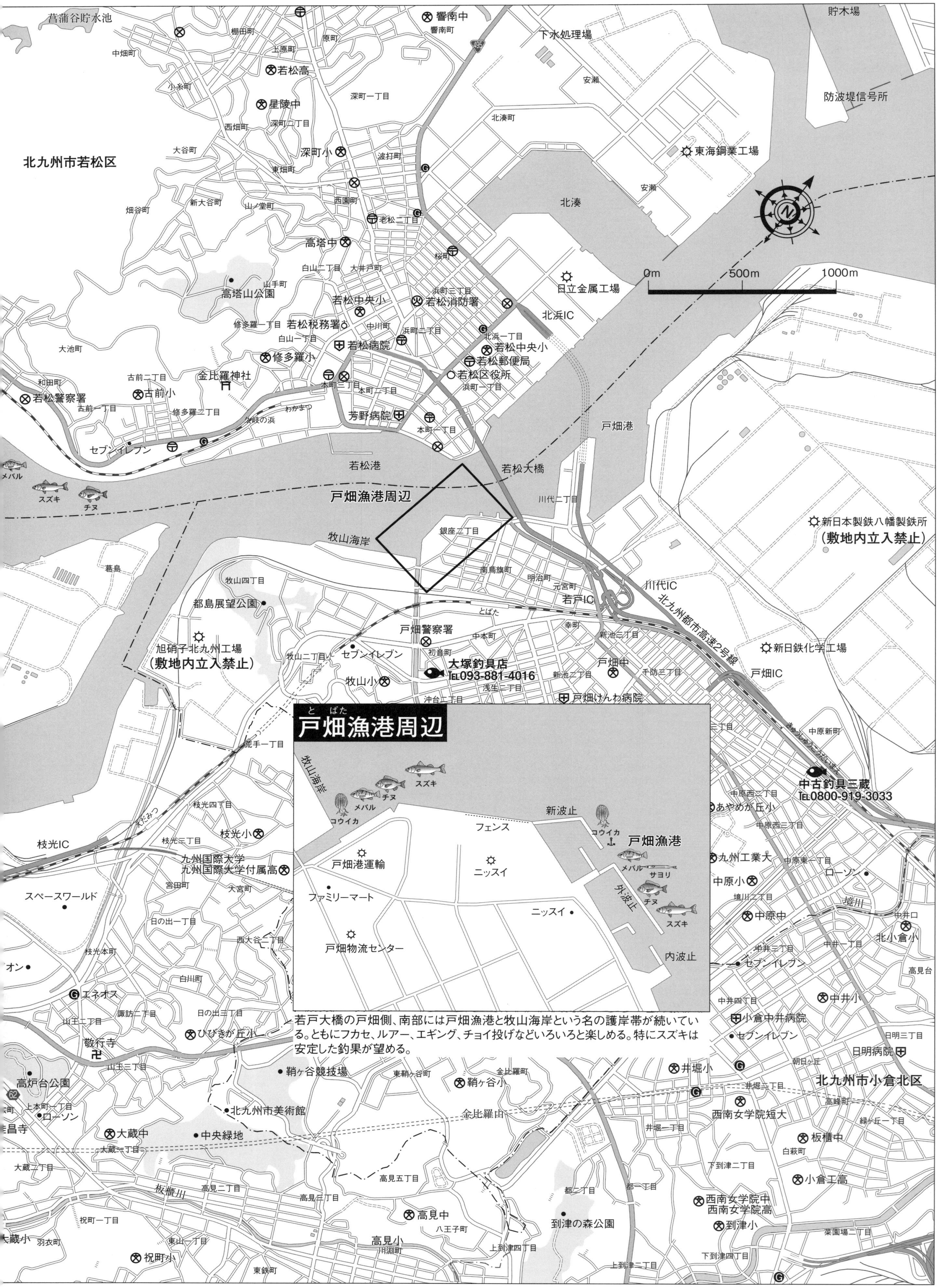

若戸大橋の戸畑側、南部には戸畑漁港と牧山海岸という名の護岸帯が続いている。ともにフカセ、ルアー、エギング、チョイ投げなどいろいろと楽しめる。特にスズキは安定した釣果が望める。

洞海湾《どうかいわん》

●改正SOLAS条約により、立ち入り禁止となっている埠頭などがあります(詳細はP80)。

柏原《かしわら》漁港

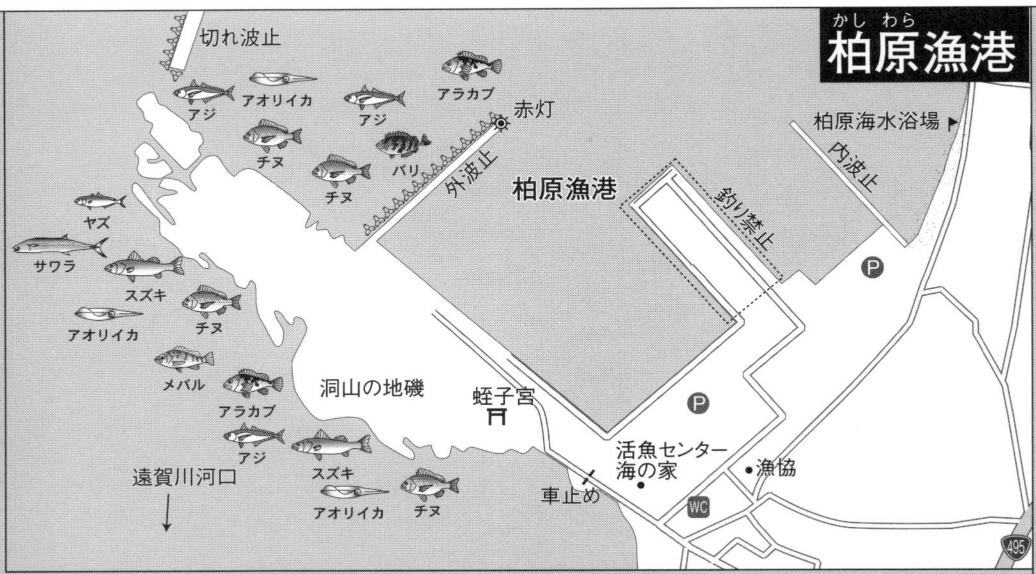

洞山の地磯の地形を利用して造られた漁港。地磯の西岸は遠賀川の河口域であり、ベイト、特にイワシが入ってきた時のフィッシュイーターの活性の高さは特筆に値する。外波止のテトラ帯はチヌ、バリ、コッパグロをねらったフカセ釣りやエギングが多い。地磯の北面は足場が低いところがあり、北の風が吹くと釣り場が洗われる。北が絡む風の日は要注意。

岩屋《いわや》漁港

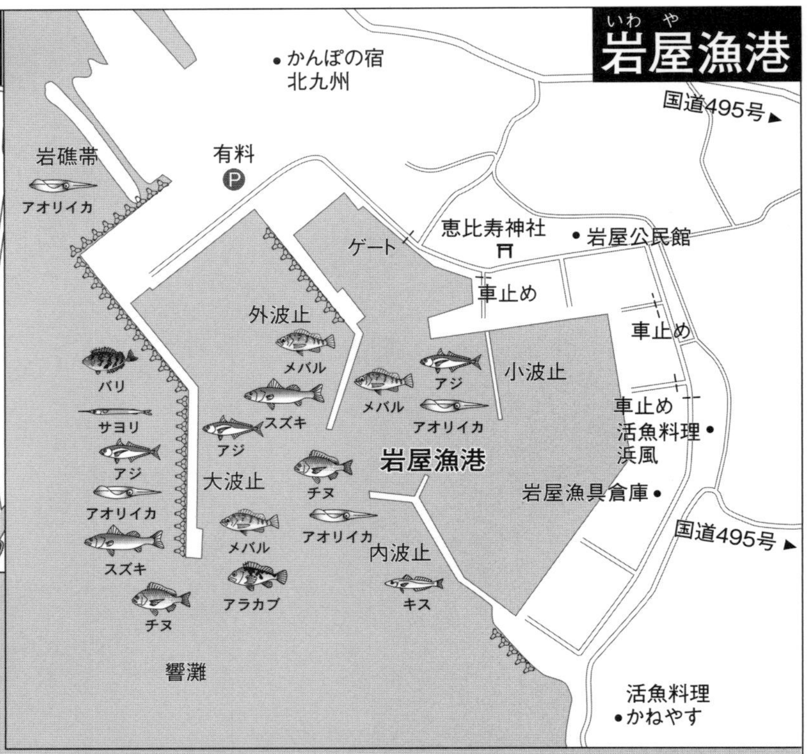

大波止、内波止先端、外波止の順に人が埋まっていく。アジもアオリイカもメバルも港内にまで差してくるため、昼夜を問わず釣り人を見かける。大波止にはテトラが投入されている。釣り座の確保は慎重に。先端付近は潮通しがよく、また藻場が点在しており、春のエギングの人気スポットだ。漁港から陸行できる地磯は広く、エギング、メバリング、アジングで人気がある。

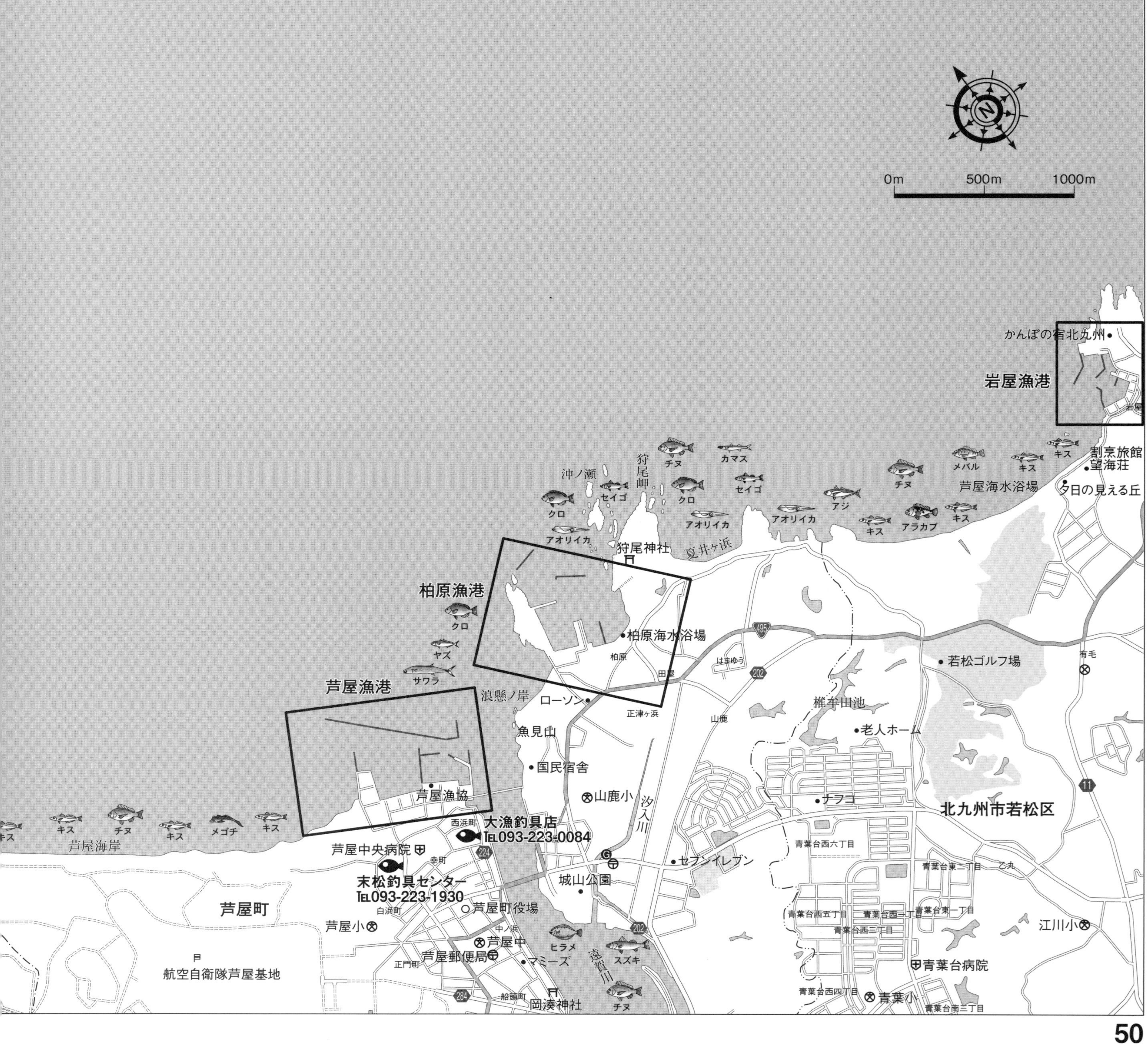

岩《いわ》屋《や》漁港《ぎょこう》～波津《はつ》漁港《ぎょこう》

波津《はつ》漁港

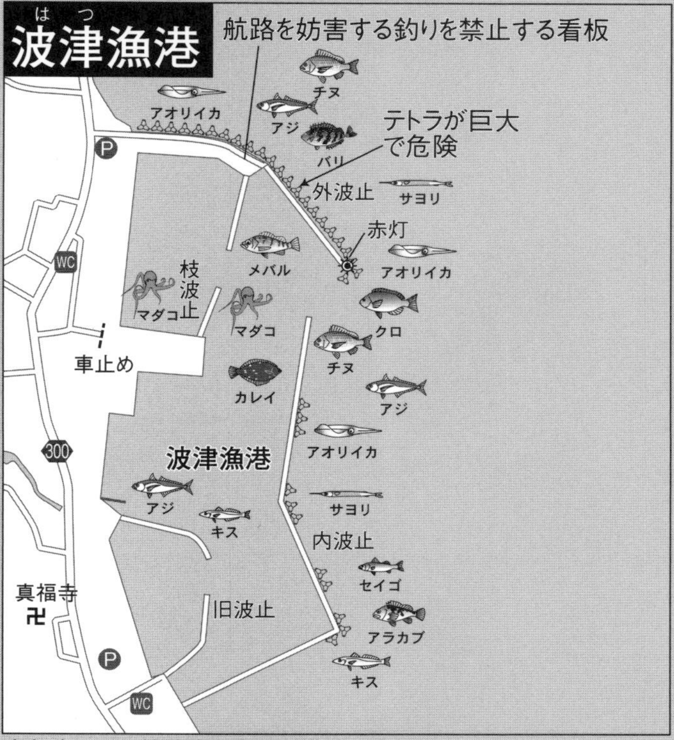

航路を妨害する釣りを禁止する看板
テトラが巨大で危険
外波止
赤灯
枝波止
車止め
波津漁港
内波止
旧波止
真福寺
300
WC
P
アオリイカ
チヌ
アジ
バリ
サヨリ
メバル
マダコ
クロ
カレイ
キス
セイゴ
アラカブ

赤灯台がある外波止は魚種が豊富。秋は30cmオーバーの渡りグロが釣れることで有名。ただし、外波止はテトラからの釣りとなり、危険を伴う。特に中央部のテトラは巨大で釣りはできない。外波止先端から港内向きに釣る人が多いが、航路を妨害する釣りの禁止を促す看板が設置されていることからも、港内側の釣りは避けたほうが無難。内波止はその点安全かつ気軽に楽しめる。チヌ、アジ、アオリイカがメインの釣りもので、季節によってサヨリやキス、カレイが釣れる。

芦屋《あしや》漁港

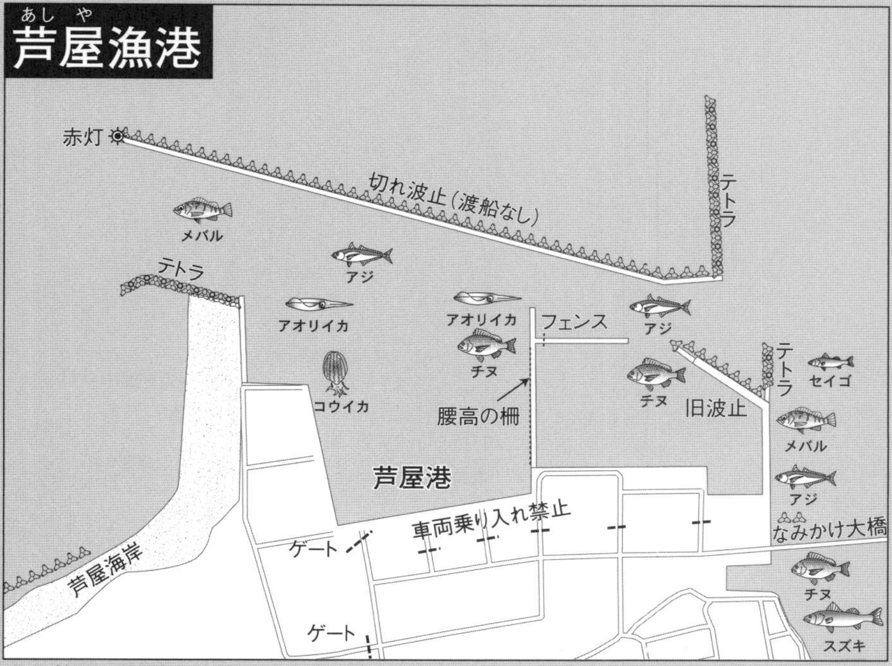

赤灯
切れ波止（渡船なし）
テトラ
フェンス
腰高の柵
旧波止
芦屋港
車両乗り入れ禁止
ゲート
芦屋海岸
なみかけ大橋
メバル
アジ
アオリイカ
チヌ
コウイカ
セイゴ
スズキ

立入箇所が制限され、釣り人が入れるところはわずか。港内の釣りになると思っていたほうがよい。遠賀川河口部西岸に位置する旧波止は、外向きで釣りが可能。盆過ぎにタチウオが釣れることで知られていたが、近年は釣果が乏しいようである。しかし、河口域だけにスズキ、チヌ、アジなどの釣果は堅い。

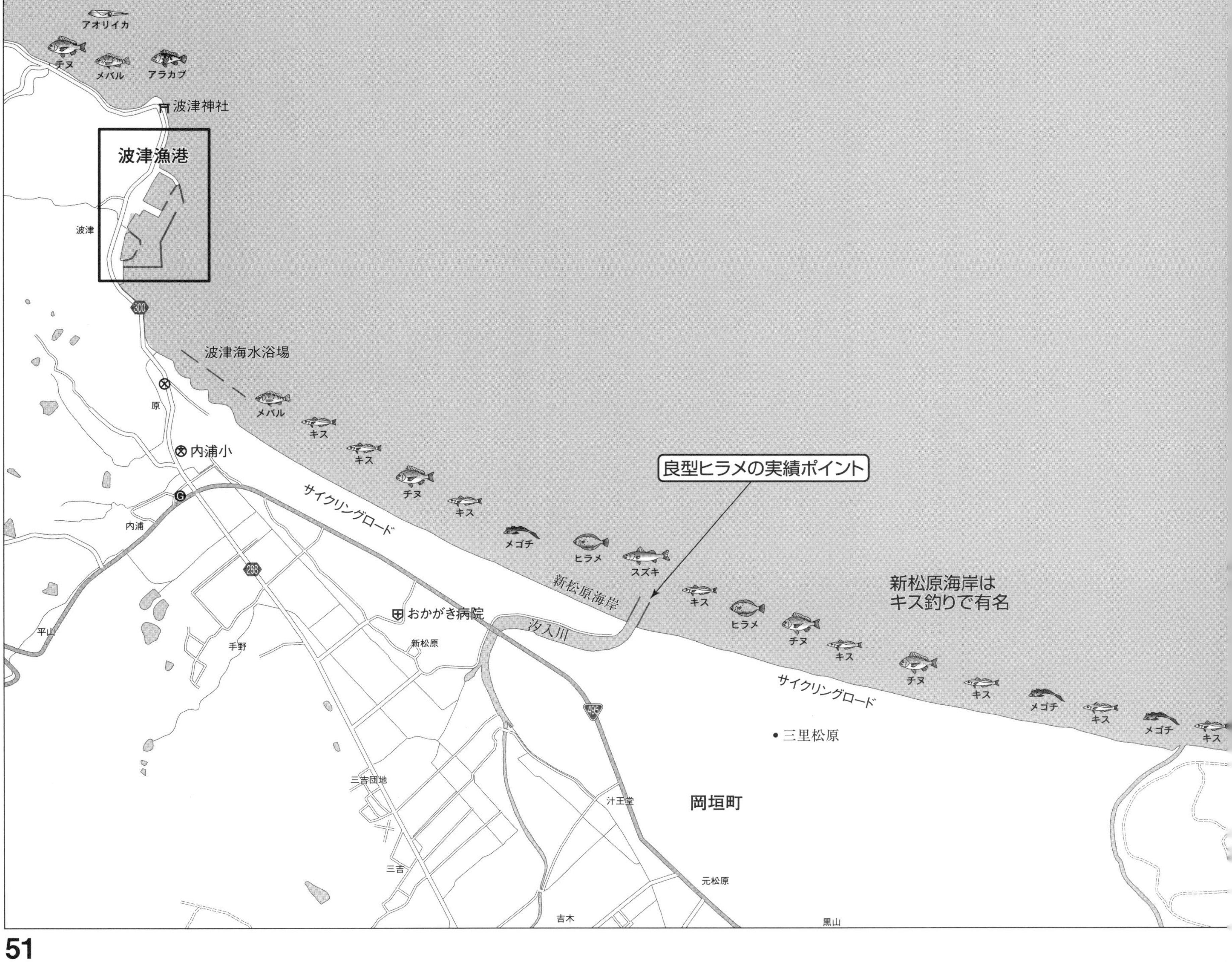

波津神社
波津漁港
波津
300
波津海水浴場
原
内浦小
内浦
平山
手野
サイクリングロード
良型ヒラメの実績ポイント
新松原海岸
新松原海岸は
キス釣りで有名
おかがき病院
汐入川
新松原
288
495
三里松原
三吉団地
汁王堂
岡垣町
三吉
元松原
吉木
黒山
アオリイカ
チヌ
メバル
アラカブ
キス
メゴチ
ヒラメ
スズキ

鐘崎漁港《かねざき》

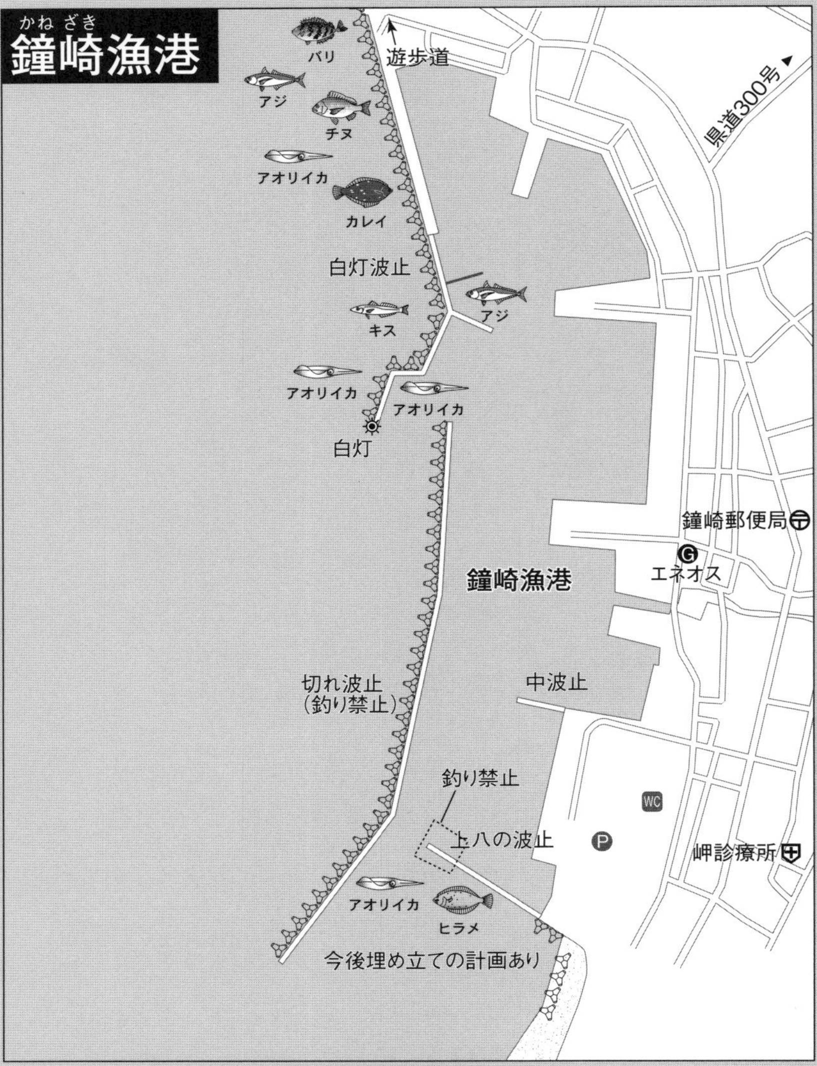

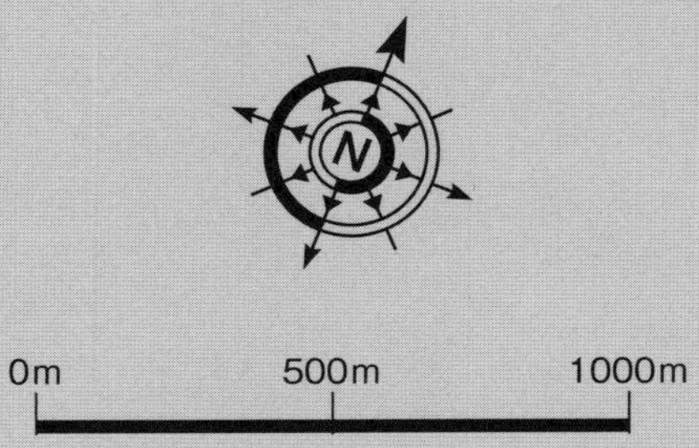

北部九州を代表する漁業基地で、規模が大きく波止も長い。チヌやアオリイカなど年によって当たり魚種は異なるが、その釣れっぷりは目を見張るものがある。南にある上八の波止は短いながらも抜群の釣果実績がある。だが、切れ波止が延長され、今後は埋め立て計画もあるようだ。そのため流れや水深が大きく変化する可能性がある。北側の遊歩道沿いの地磯は浅く、「ベイトの入りぐあい」というきっかけがないと爆発的な釣果は望めない。

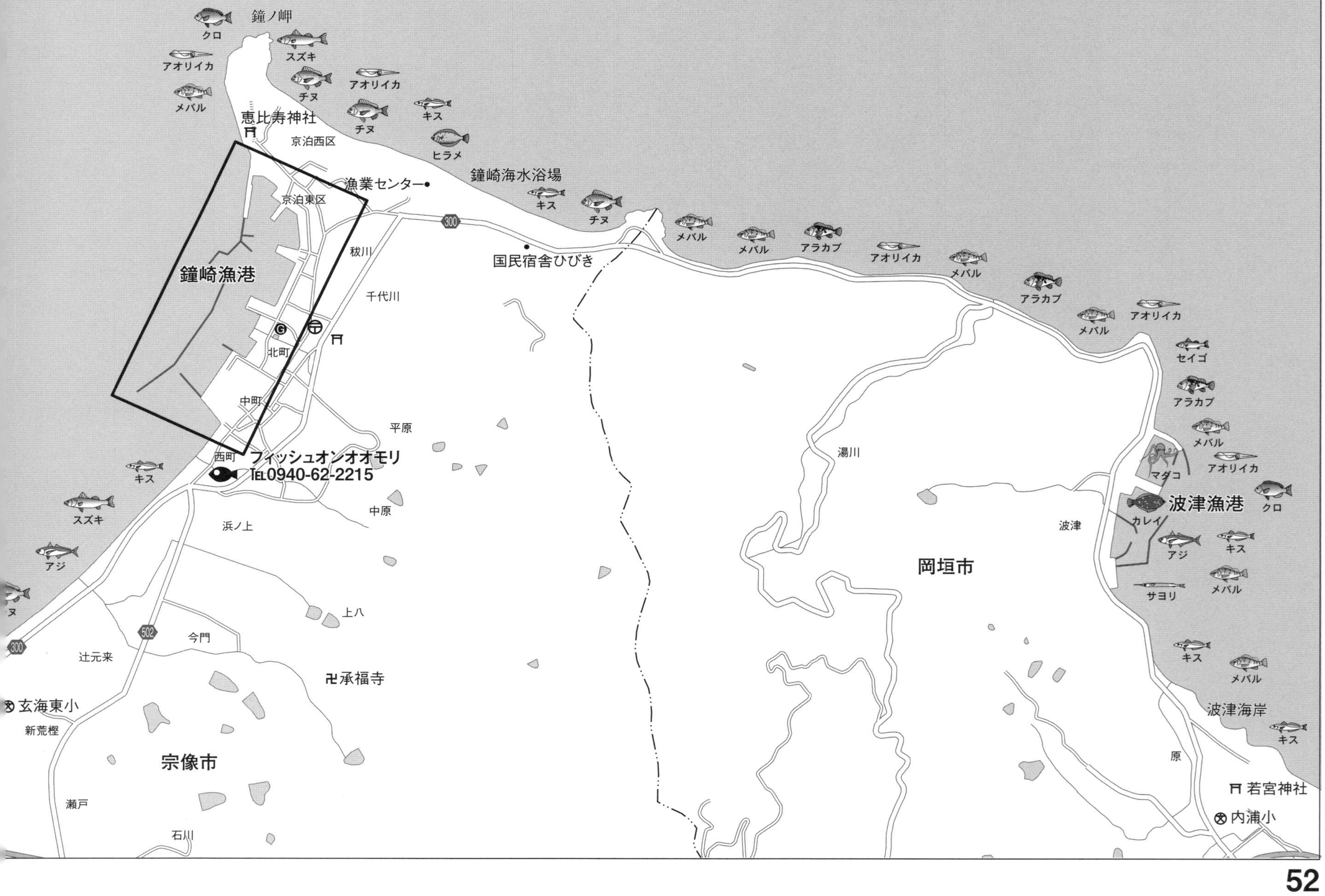

波《は》津《つ》漁《ぎょ》港《こう》～勝《かつ》浦《うら》漁《ぎょ》港《こう》

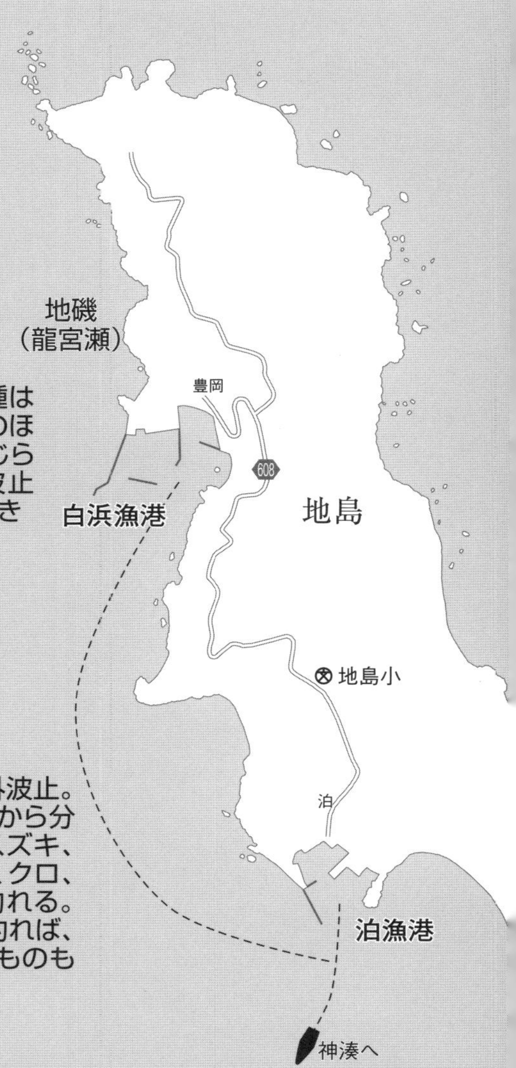
地磯
（龍宮瀬）
豊岡
608
白浜漁港
地島
地島小
泊
泊漁港
神湊へ

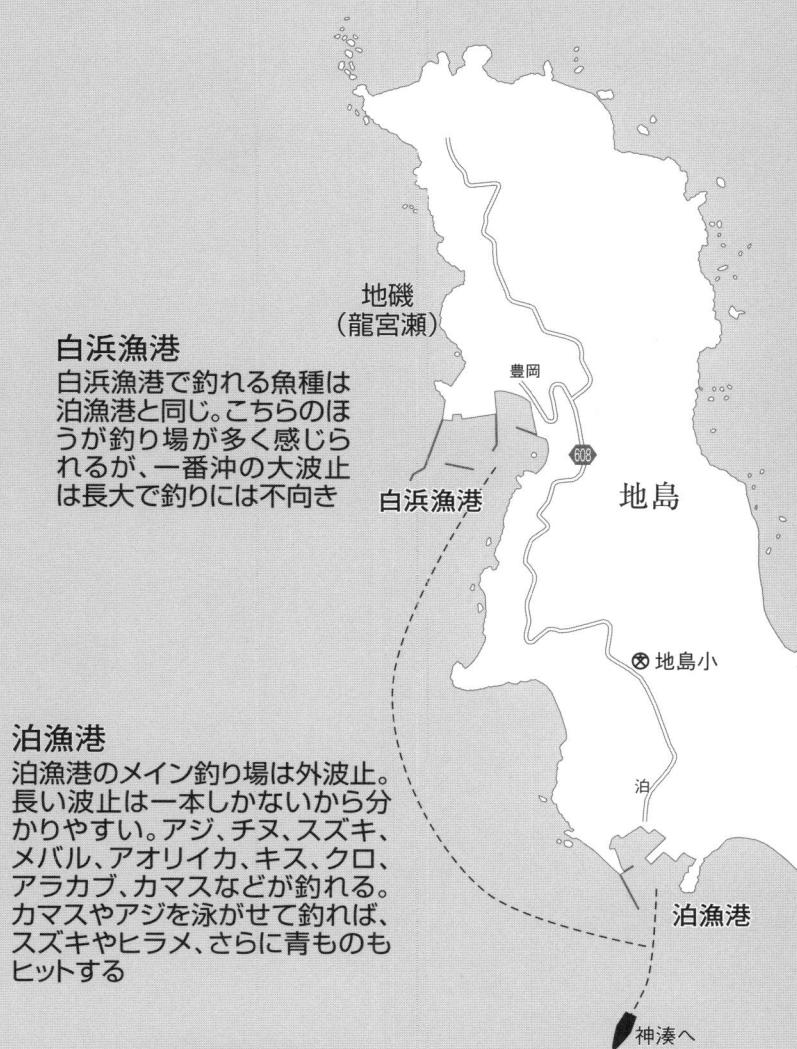

白浜漁港

白浜漁港で釣れる魚種は泊漁港と同じ。こちらのほうが釣り場が多く感じられるが、一番沖の大波止は長大で釣りには不向き

泊漁港

泊漁港のメイン釣り場は外波止。長い波止は一本しかないから分かりやすい。アジ、チヌ、スズキ、メバル、アオリイカ、キス、クロ、アラカブ、カマスなどが釣れる。カマスやアジを泳がせて釣れば、スズキやヒラメ、さらに青ものもヒットする

神湊《こうのみなと》漁港

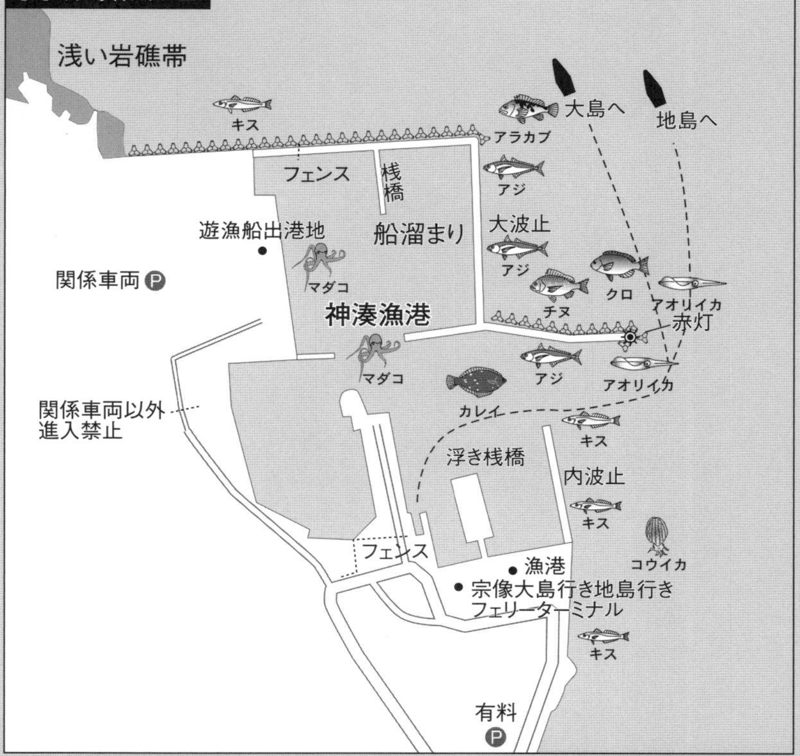
浅い岩礁帯
キス
アラカブ
大島へ
地島へ
フェンス
桟橋
アジ
遊漁船出港地
船溜まり
大波止
関係車両 P
マダコ
アジ
クロ
チヌ
アオリイカ
神湊漁港
赤灯
マダコ
アジ
アオリイカ
カレイ
関係車両以外
進入禁止
キス
浮き桟橋
内波止
キス
コウイカ
フェンス
漁港
宗像大島行き地島行き
フェリーターミナル
キス
有料
P

宗像大島への定期船に加えて地島行き定期船も就航するようになり、港の風景がかなり変わった。変わる前はキス、カレイ、アジ、アオリイカ、メバルの実績が高く、近場ファンの信頼が厚かった。今後どう変化するか注目したい。

釣川《つりかわ》河口

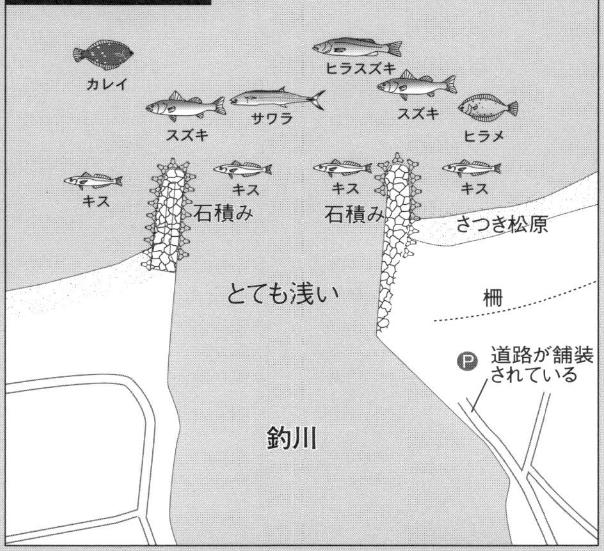
カレイ
ヒラスズキ
スズキ
サワラ
スズキ
ヒラメ
キス
キス
キス
キス
石積み
石積み
さつき松原
とても浅い
柵
P 道路が舗装
されている
釣川

河川向きは浅く、キスやハゼ釣り場だが、沖向きはカケアガリがあり、これまでさまざま魚種があがっている。キス、スズキ、ヒラメ、カレイは言うに及ばず、ヒラフッコ～ヒラセイゴの実績まである。近年はヒラメをねらうアングラーが多い。

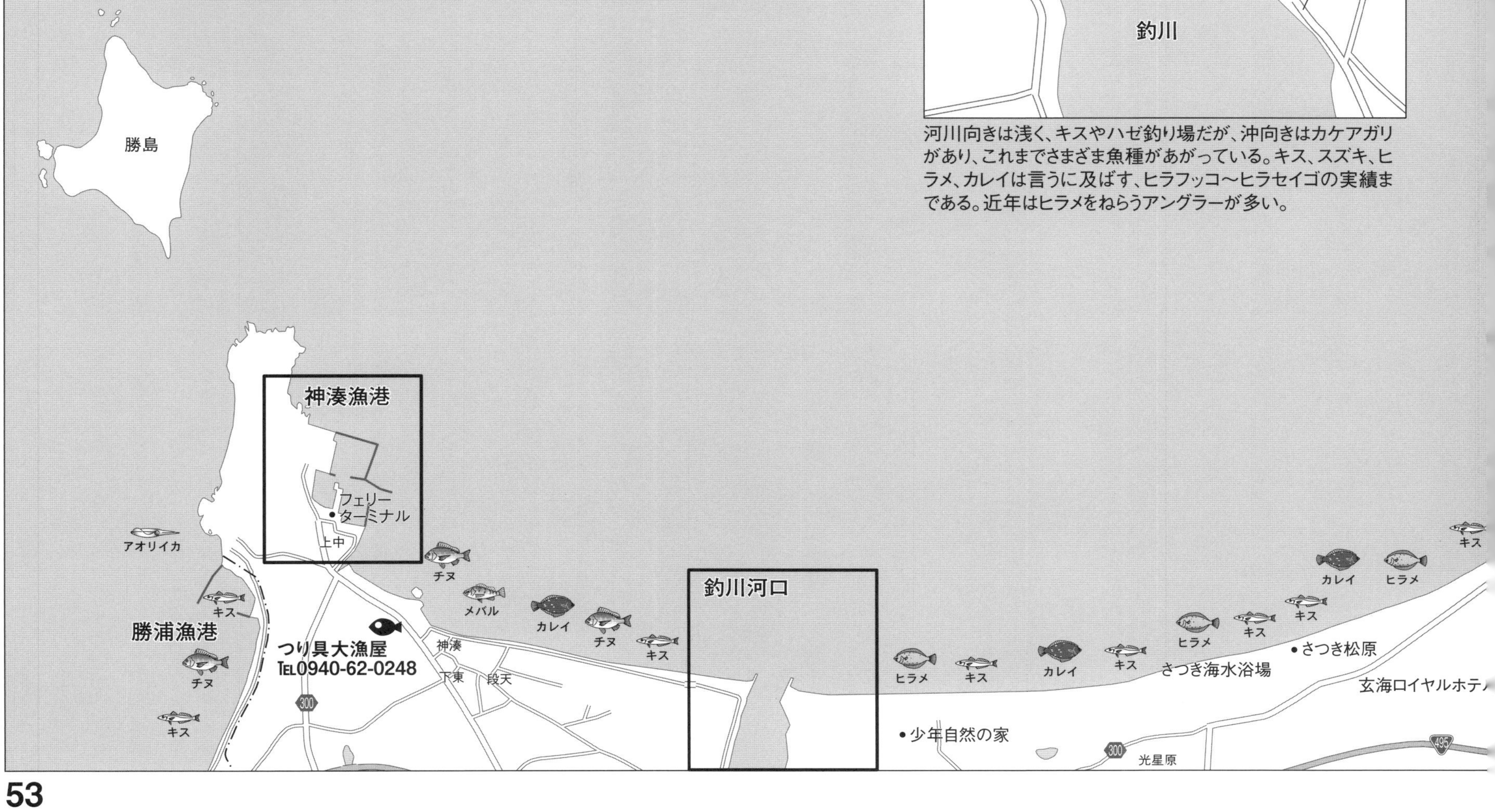
勝島
神湊漁港
フェリー
ターミナル
上中
アオリイカ
キス
勝浦漁港
チヌ
キス
チヌ
メバル
カレイ
チヌ
キス
つり具大漁屋
TEL0940-62-0248
神湊
下東
段天
300
釣川河口
ヒラメ
キス
カレイ
キス
ヒラメ
キス
キス
カレイ
ヒラメ
キス
さつき松原
さつき海水浴場
玄海ロイヤルホテ
少年自然の家
300
光星原
495

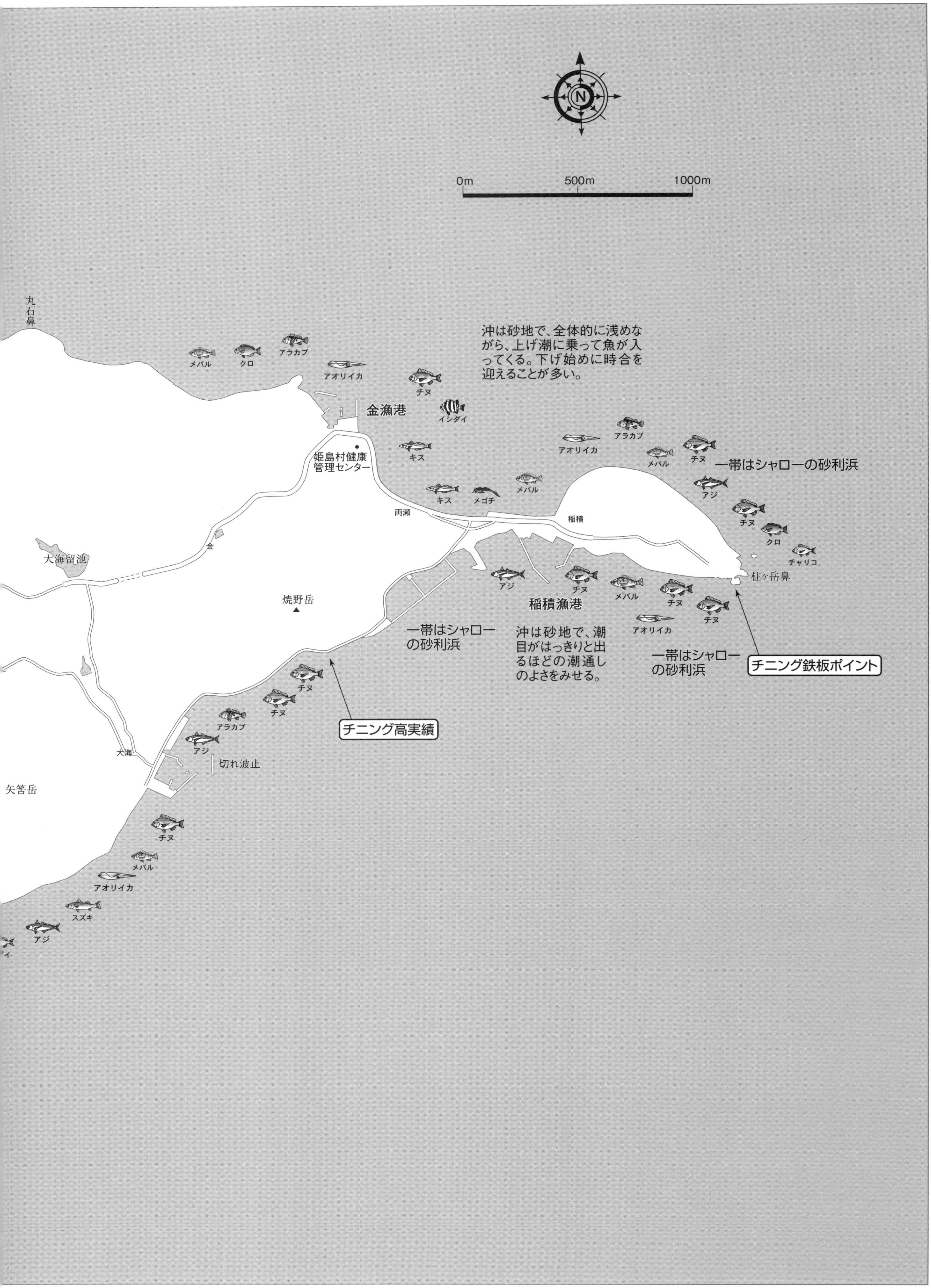
0m
500m
1000m
丸石鼻
メバル
クロ
アラカブ
アオリイカ
チヌ
沖は砂地で、全体的に浅めながら、上げ潮に乗って魚が入ってくる。下げ始めに時合を迎えることが多い。
金漁港
イシダイ
姫島村健康
管理センター
キス
アオリイカ
アラカブ
メバル
チヌ
一帯はシャローの砂利浜
キス
メゴチ
メバル
アジ
両瀬
稲積
チヌ
クロ
チャリコ
柱ヶ岳鼻
大海留池
金
焼野岳
アジ
チヌ
メバル
チヌ
チヌ
稲積漁港
アオリイカ
一帯はシャローの砂利浜
沖は砂地で、潮目がはっきりと出るほどの潮通しのよさをみせる。
一帯はシャローの砂利浜
チニング鉄板ポイント
チヌ
チヌ
アラカブ
チニング高実績
アジ
大海
切れ波止
矢筈岳
チヌ
メバル
アオリイカ
スズキ
アジ

大分《おおいた》・姫島《ひめしま》

切り立った地形が続
チヌ
スズキ
アジ
キス
マゴチ
浅い
浄化センター
アオリイカ
クロ
観音崎
アオリイカ
アジ
北浦漁港
チヌ
カレイ
チヌ
アジ
アジ
キス
チヌ
車エビ養殖場
姫島
北浦
683
カレイ
西浦漁港
アオリイカ
西浦
606
姫島小
姫島局
姫島中
姫島村役場
松原
姫島村
切り立った地形が続く
達磨山
南浦
姫島丸船舶待合所
キャンプ場
アラカブ
アジ
コウイカ
南浦漁港
（姫島港）
チヌ
チヌ
アオリイカ
メバル
キス
キス
メバル
カレイ
アジ
クロ
ヤズ
切れ波止
切れ波止
キス
キス
チヌ
ス鼻
イシダイ
チヌ
アオリイカ
スズキ
伊美港へ

沖は砂地で、カレイの実績が高い。チヌは春先がよい。

南浦漁港も基本的に海底は砂地だが航路があるので水深がある。航路近くの切れ波止はかなり深く底ものポイントでもある。

東西南北のそれぞれに漁港がある。一日でランガンできる規模。アオリイカのストック量は豊富の一言。最終便の定期船で渡り、オールナイトで釣りを楽しめば、アジやメバル、アラカブなど魚種は一気にバリエーションを増す。フカセ釣りではエサ取りをかわす対策が必須になるが、ルアーはそれに気を遣わずにすむメリットがある。フカセはチヌの魚影がすこぶる多く、良型がよく釣れる。ルアーでチヌをねらうチニングでも稲積漁港を中心に脚光をあびている。

藍《あいの》島《しま》

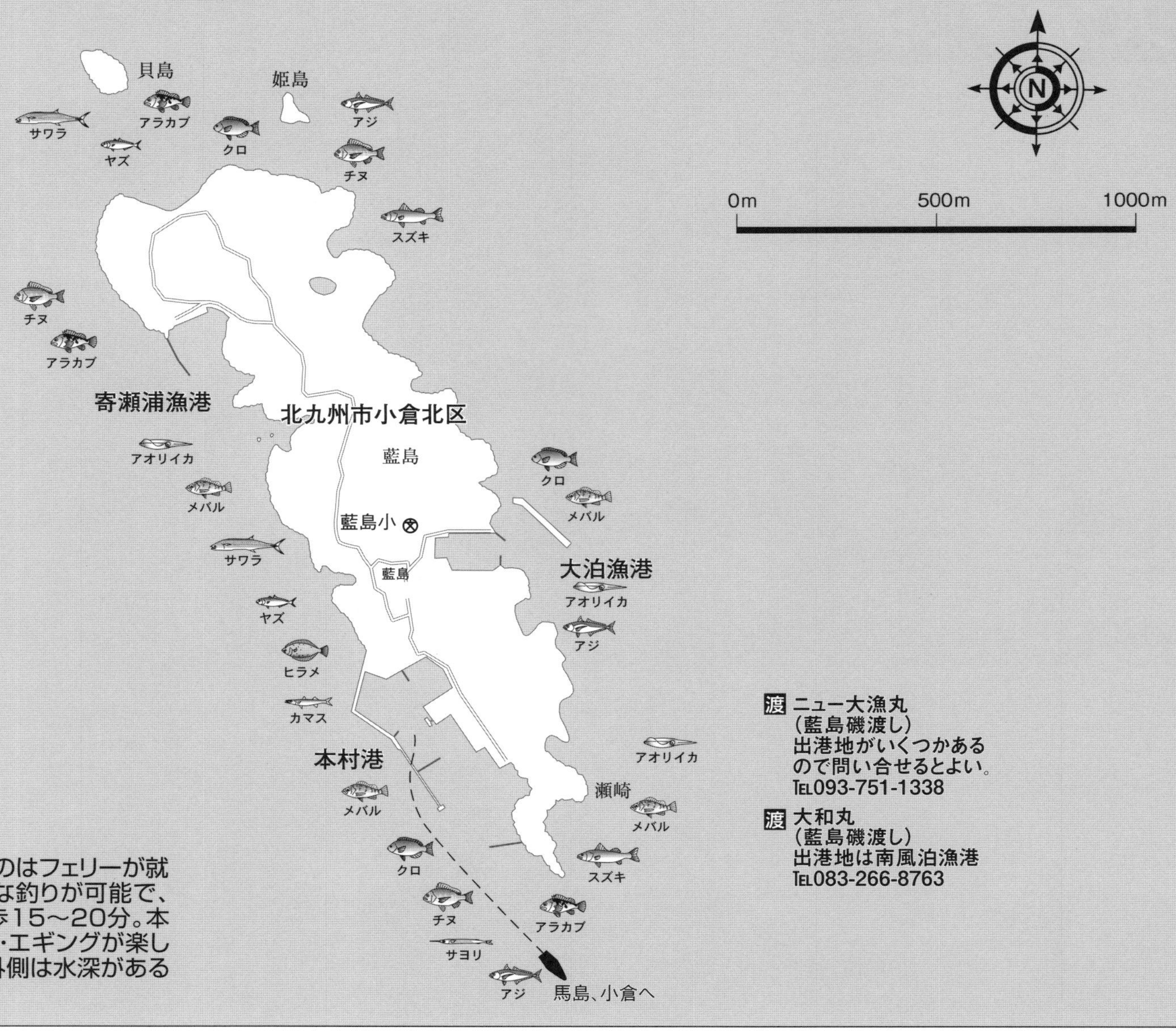

渡 ニュー大漁丸
（藍島磯渡し）
出港地がいくつかあるので問い合せるとよい。
TEL093-751-1338

渡 大和丸
（藍島磯渡し）
出港地は南風泊漁港
TEL083-266-8763

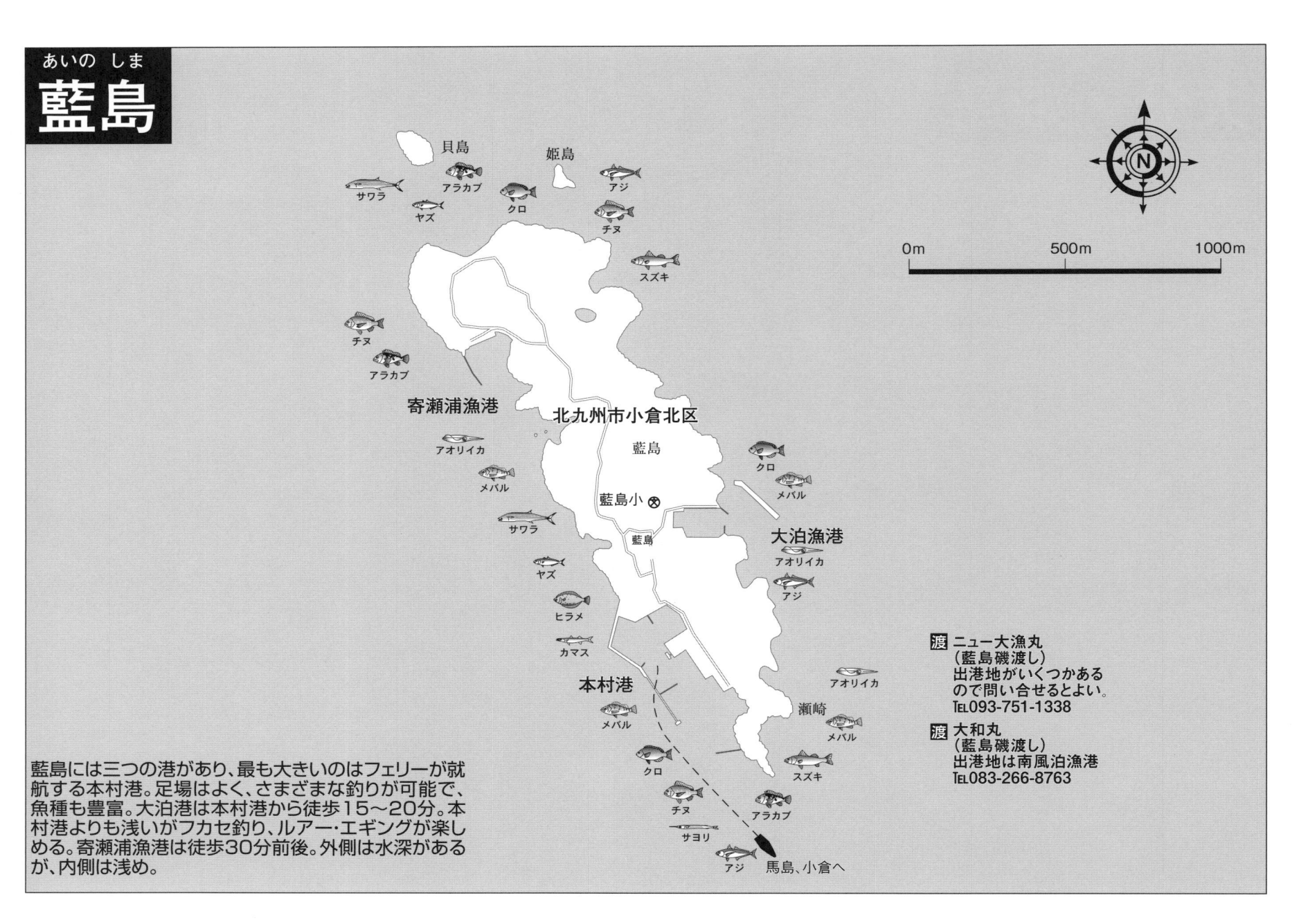

藍島には三つの港があり、最も大きいのはフェリーが就航する本村港。足場はよく、さまざまな釣りが可能で、魚種も豊富。大泊港は本村港から徒歩15〜20分。本村港よりも浅いがフカセ釣り、ルアー・エギングが楽しめる。寄瀬浦漁港は徒歩30分前後。外側は水深があるが、内側は浅め。

蓋《ふたお》井《い》島《じま》

渡 春日丸
（蓋井島磯渡し）
出港地は吉母漁港
TEL083-286-5980

渡 黒潮丸
（蓋井島磯渡し）
出港地は吉見漁港
TEL083-286-6345

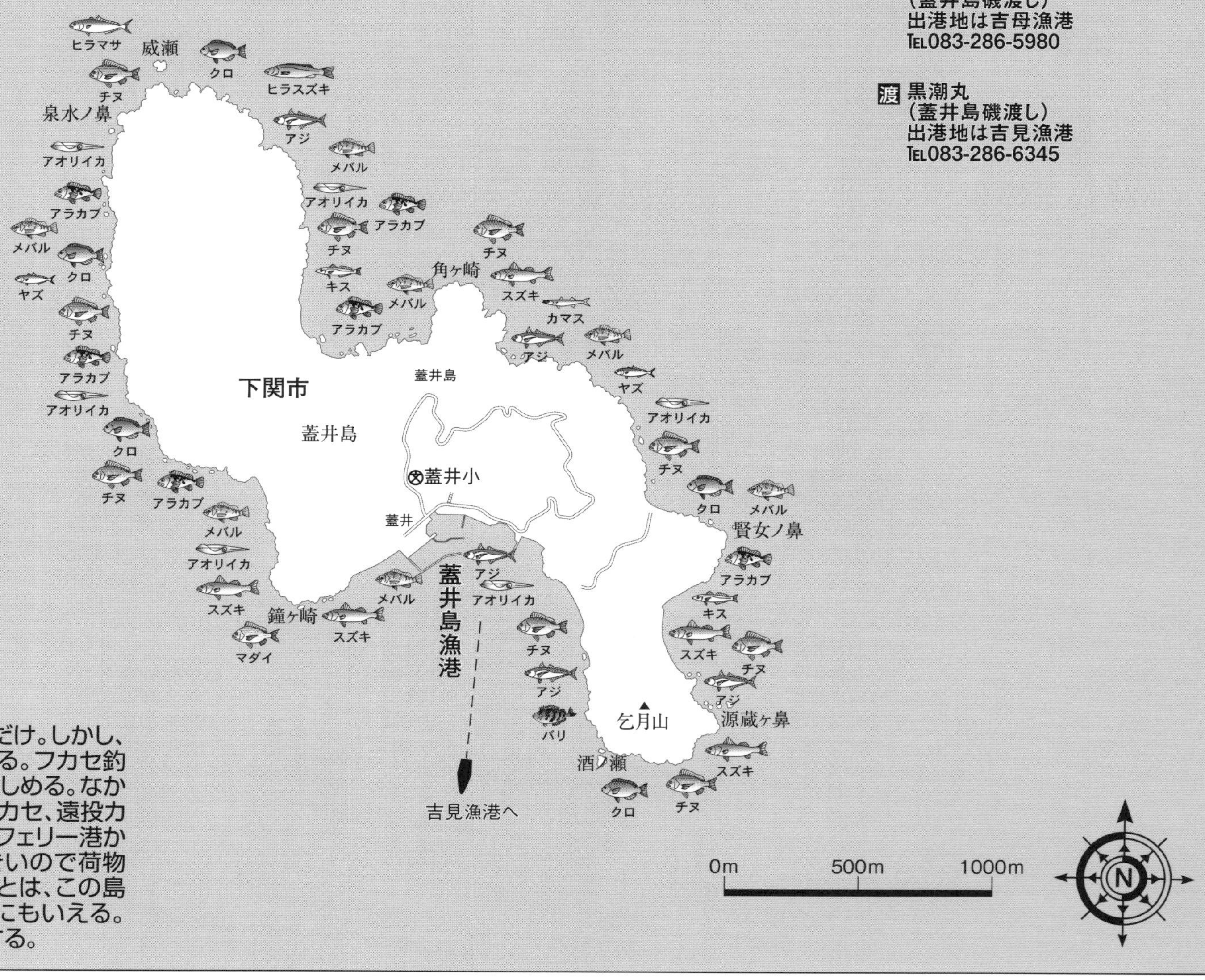

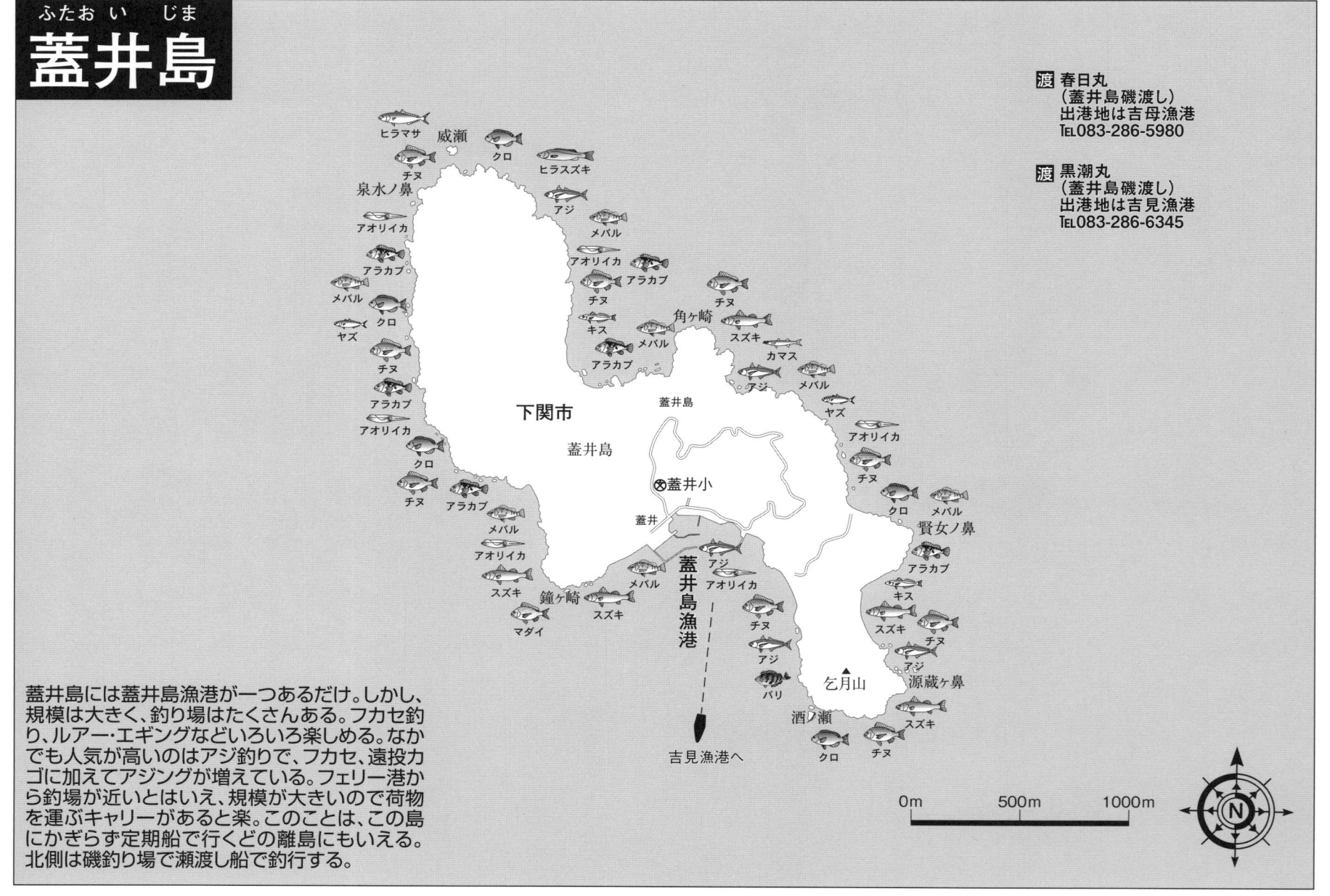

蓋井島には蓋井島漁港が一つあるだけ。しかし、規模は大きく、釣り場はたくさんある。フカセ釣り、ルアー・エギングなどいろいろ楽しめる。なかでも人気が高いのはアジ釣りで、フカセ、遠投カゴに加えてアジングが増えている。フェリー港から釣場が近いとはいえ、規模が大きいので荷物を運ぶキャリーがあると楽。このことは、この島にかぎらず定期船で行くどの離島にもいえる。北側は磯釣り場で瀬渡し船で釣行する。

青海島
おうみじま

青海島の北面は磯が続き、渡船で渡る磯釣りエリア。南面は青海島大橋を境にして、仙崎湾と深川湾に分かれている。主な釣り場は大日比漁港と通漁港。波の橋立一帯は藻の茂り方によっては非常に釣りづらい。釣れる時は藻のエッジを探っていくとよい。

渡 沖千島（青海島磯渡し）
TEL.0837-28-0507

渡 海斗（青海島西磯渡し）
TEL.090-8247-5871

渡 新海・しんたに渡船（青海島磯渡し）
TEL.0837-26-3393

シャローに広大な藻場が浮在

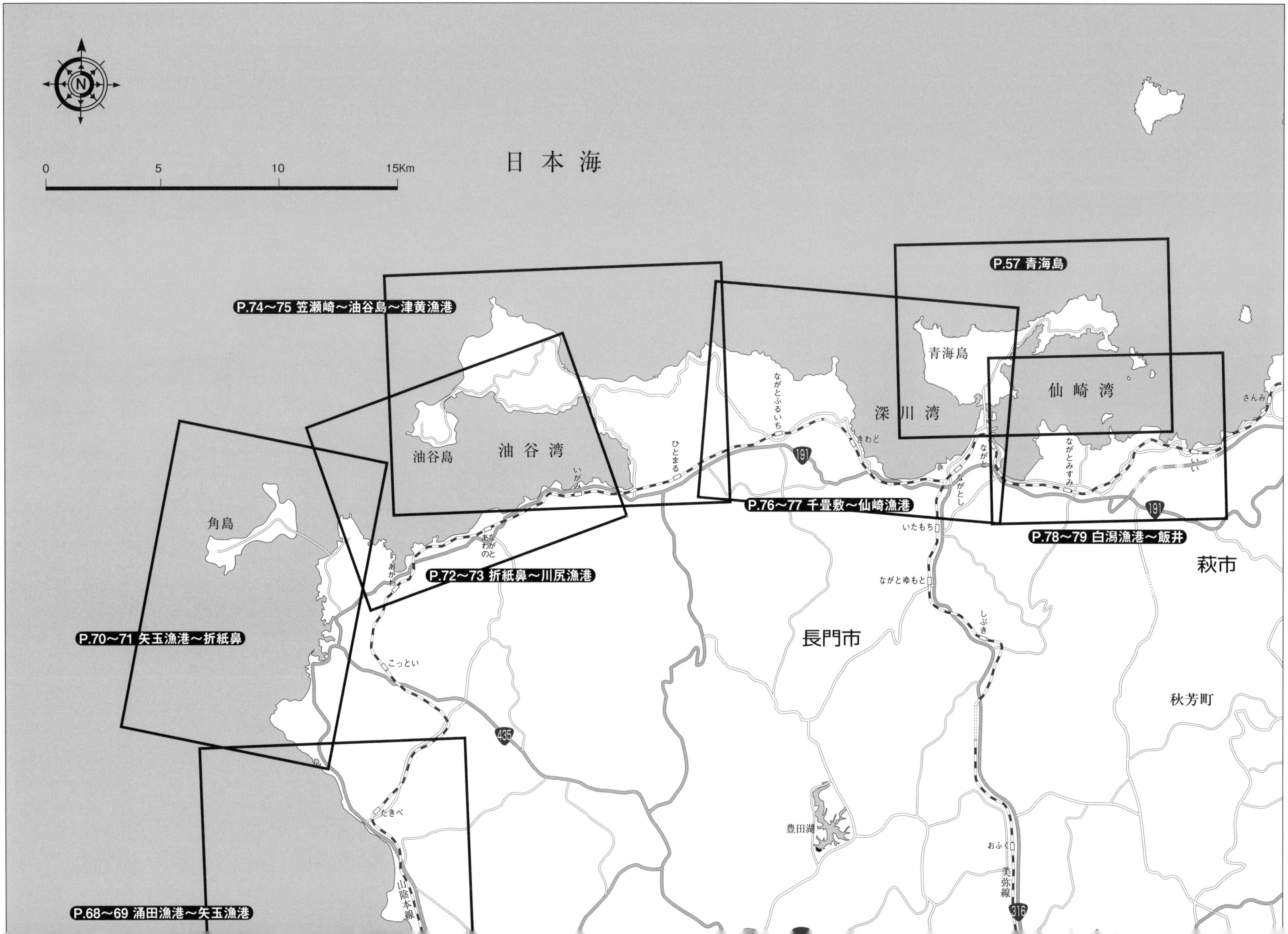
日本海
0
5
10
15Km
N
P.74～75 笠瀬崎～油谷島～津黄漁港
P.57 青海島
P.76～77 千畳敷～仙崎漁港
P.78～79 白潟漁港～飯井
P.72～73 折紙鼻～川尻漁港
P.70～71 矢玉漁港～折紙鼻
P.68～69 涌田漁港～矢玉漁港
青海島
仙崎湾
深川湾
油谷島
油谷湾
角島
長門市
萩市
秋芳町
豊田湖
ながとふるいち
ひとまる
きわど
ながと
ながとし
ながとみすみ
いい
さんみ
いたもち
ながとゆもと
しぶき
おふく
美弥線
山陰本線
いがみ
ながとあわのと
あがわ
こっとい
たきべ
191
435
316

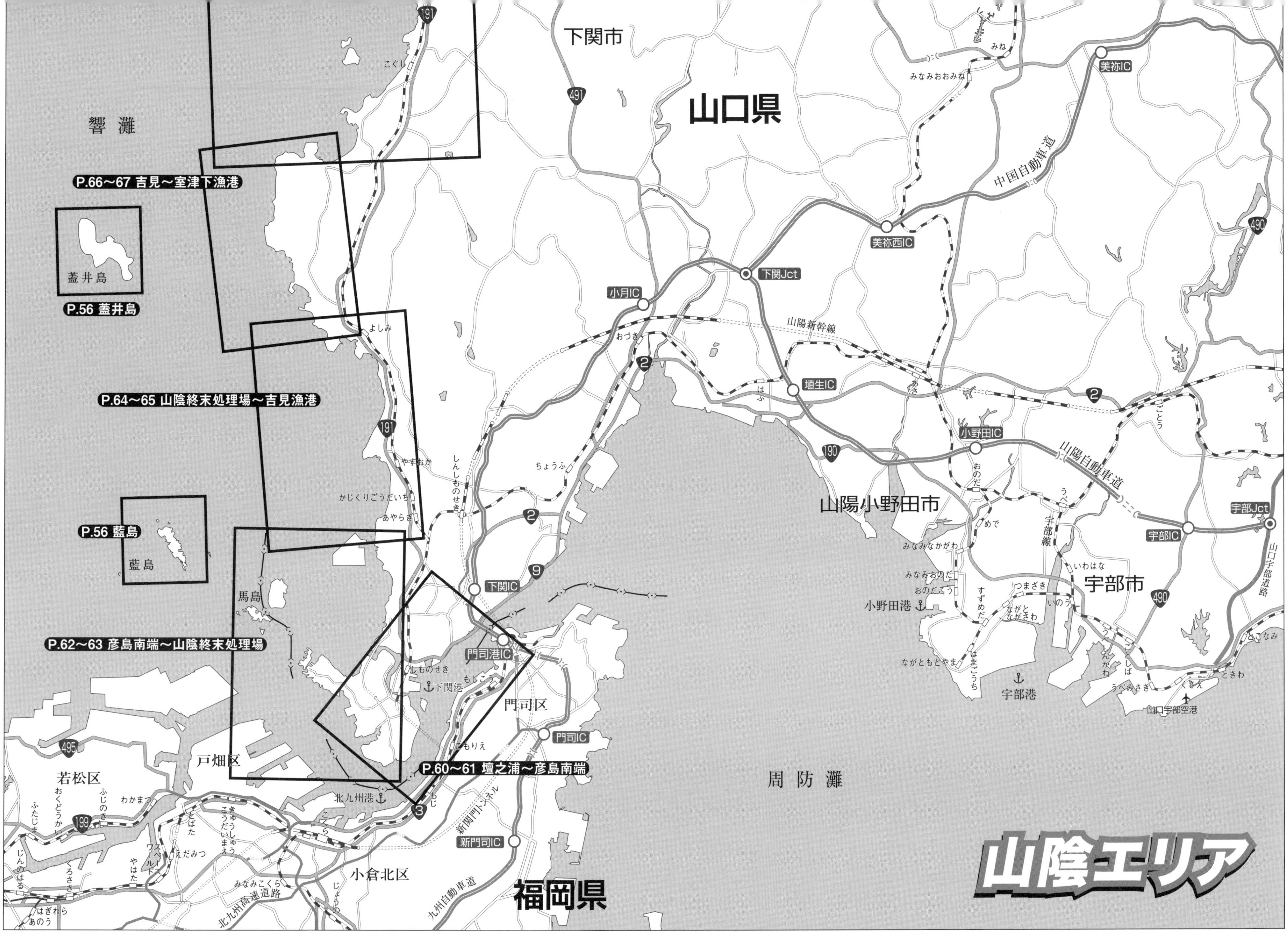
山陰エリア
P.66～67 吉見～室津下漁港
P.64～65 山陰終末処理場～吉見漁港
P.62～63 彦島南端～山陰終末処理場
P.60～61 壇之浦～彦島南端
P.56 蓋井島
P.56 藍島
響灘
蓋井島
藍島
馬島
周防灘
山口県
福岡県
下関市
山陽小野田市
宇部市
若松区
戸畑区
小倉北区
門司区
下関IC
門司港IC
門司IC
新門司IC
小月IC
下関Jct
埴生IC
美祢西IC
美祢IC
小野田IC
宇部IC
宇部Jct
中国自動車道
山陽自動車道
九州自動車道
北九州高速道路
山口宇部道路
山陽新幹線
宇部線
新関門トンネル
下関港
北九州港
小野田港
宇部港
山口宇部空港
191
491
490
495
199
190
2
3
9
こぐし
よしみ
やすおか
かじくりごうだいち
あやらぎ
しんしものせき
ちょうふ
おづき
はぶ
あさ
みね
みなみおおみね
ごとう
おのだ
めで
うべ
みなみなかがわ
みなみおのだ
おのだこう
すずめだ
つまざき
ながとながさわ
いわはな
いのう
ながともとやま
はまごうち
ことしば
うべみさき
うべかわ
くさえ
ときわ
とこなみ
しものせき
もじこう
もじ
こもりえ
わかまつ
ふじのき
おくどうかい
ふたじま
じんのはる
くろさき
はぎわら
あのう
とばた
えだみつ
きゅうしゅうこうだいまえ
スペースワールド
やはた
みなみこくら
じょうの
こくら

荒田港

彦島南西部に位置しており、関門海峡の影響は比較的に少ない。白灯台のある波止が一本のびただけの釣り場だが、実績は折り紙つきで、特にアオリイカは大型が出る。駐車スペースが広い点もよい。貯木場の波止はテトラでつながっているが、立入禁止。

釣りは禁止されていないが、観光客が多く、とても釣りづらい

東流れ、西流れという関門海峡独特の流れの影響を強く受ける釣り場。特に、西流れではまともに当たってくる場合がほとんど。総じて東流れにチャンスが訪れやすい。なかでもチヌの魚影は特筆すべき。チヌはフカセ釣りのほか、投げや落とし込みでも釣れる。難点は、国道9号という幹線沿いにあることから、駐車スペースがなく、近隣のコインパーキングに停める必要があること。漁港内の道路も狭い。

壇之浦漁港

下関港

市街地にある釣り場は、日中は作業のため釣りができないところが多いが、下関港は広いこともあってかサオをだしやすい。赤灯台がある波止はもちろんだが、手前の角部分も人気ポイント。赤灯波止が潮流の影響で釣りにならない時は、ここが真価を発揮する。港の内外ともに足元から水深がある。

壇《だん》之《の》浦《うら》～彦《ひこ》島《しま》南《なん》端《たん》

アオリイカ、スズキ高実績
チヌ
セイゴ
アオリイカ
アジ
サヨリ
スズキ
西山埠頭
立入禁止
アジ
スズキ
荒田港
コウイカ
チヌ
アオリイカ
セイゴ
メバル
コウイカ
福浦港
立入禁止
関門都市霊園
立入禁止
サヨリ
アジ
コノシロ
チヌ
アオリイカ
釣り禁止
スズキ
彦島南公園
メバル
チャリコ
アラカブ
コウイカ
カレイ
アジ
アラカブ
メバル
チヌ
スズキ
アオリイカ
マダイ
セイゴ
アイナメ
彦島製錬工場
西山小
彦島迫町五丁目
三井東圧化学
アングルひこしま
TEL083-266-0011
彦島迫町四丁目
彦島迫町三丁目
彦島大橋
彦島老の山公園
下関第一高
彦島本村町一丁目
彦島老町二丁目
玄洋中
本村小
彦島本村町四丁目
彦島老町一
彦島本村町三丁目
彦島迫町二丁目
彦島本村町七丁目
彦島本村町五丁目
彦島迫町一丁目
大和町一
大和町二丁目
ファミリー
彦島
柿本釣具店
TEL083-266-2256
山陽本線
福浦金比羅公園
彦島緑町
彦島中
彦島江の浦町一丁目
彦島福浦町一丁目
東大和町二丁目
彦島江の浦町二丁目
彦島福浦町二丁目
下関太公望
TEL083-266-1777
彦島江の浦町六丁目
彦島江の浦町三丁目
江浦小
三菱造船
第二
立入
ローソン
三菱造船所
彦島角倉町一丁目
彦島塩浜町二丁目
彦島塩浜町一丁目
立入禁止
彦島江の浦町八丁目
彦島江の浦町七丁目
角倉小
彦島塩浜町三丁目
彦島角倉町三丁目
彦島杉田町一丁目
船島（巌流島）
チヌ
スズキ
メバル
アオリイカ
アラカブ
コウイカ
彦島弟子待東町
彦島
横田病院
彦島山中町二丁目
彦島田の首町二丁目
彦島向井町二丁目
彦島弟子待町二丁目
彦島桜ヶ丘町
向井小
彦島田の首町一丁目
彦島向井町一丁目
0m
500m
1000m
小森江一丁目
小森江
協和醗酵工場
ハローワーク
片上町
北川町
大里本町一丁目
北九州市門司区
松原一丁目
大里本町二丁目
こもりえ
矢筈町
大里本町三丁目
門司病院
南本町
小森江西小
鹿児島本線
大里東一丁目
門司消防署
羽山町二丁目
小森江貯水池
もじ
下二十町
門司商高

●改正SOLAS条約により、立ち入り禁止となっている埠頭などがあります（詳細はP80）。

片島
0m
500m
1000m
N
馬島
馬島
和合良島
馬島漁港
馬島漁港
り場の規模は大きくなく、好
イントである波止の先端は
～3人入れば埋まってしま
。フカセ釣りやチョイ投げほ
エギングがおすすめ
六連島の雲母玄武岩
六連島
北崎
六連島漁港
波止にテトラが投入されて
いないので、釣りやすいが
水深が浅く、チョイ投げやサ
ビキ釣りなど、ファミリー
フィッシング向き
カレイ
アジ
メバル
アラカブ
六連島漁港
チヌ
コノシロ
セイゴ
下関市営渡船
乗り場から就航
下関へ
立入禁止
南風泊漁港全域釣り禁止
関係者以外立入禁止
釣り禁止
長州出島
長州出島大橋
沖ノ瀬
立入禁止
山陰終末処理場
チヌ
アジ
アラカブ
アラカブ
アオリイカ
アジ
チヌ
コウイカ
アオリイカ
スズキ
アラカブ
チヌ
アオリイカ
メバル
チヌ
アラカブ
アオリイカ
伊崎町二丁目
水質浄化施設
筋ヶ浜
筋ヶ浜町
文洋中
上新地町四丁目
上新地町三丁目
大坪町
西大坪町
筋川町
金比羅町
昭和病院
汐入町
伊崎町一丁目
新地西町
了園寺
大平町
下関厚生病院
桜山小
大坪本町
武久海水浴場
武久病院
武久町二丁目
新垢田西町三丁目
垢田小
新垢田北町
垢田中
新垢田東町一丁目
新垢田南町一丁目
垢田町四丁目
垢田町五丁目

彦《ひこ》島《しま》南《なん》端《たん》～山《さん》陰《いんしゅう》終末《まつ》処《しょ》理《り》場《じょう》

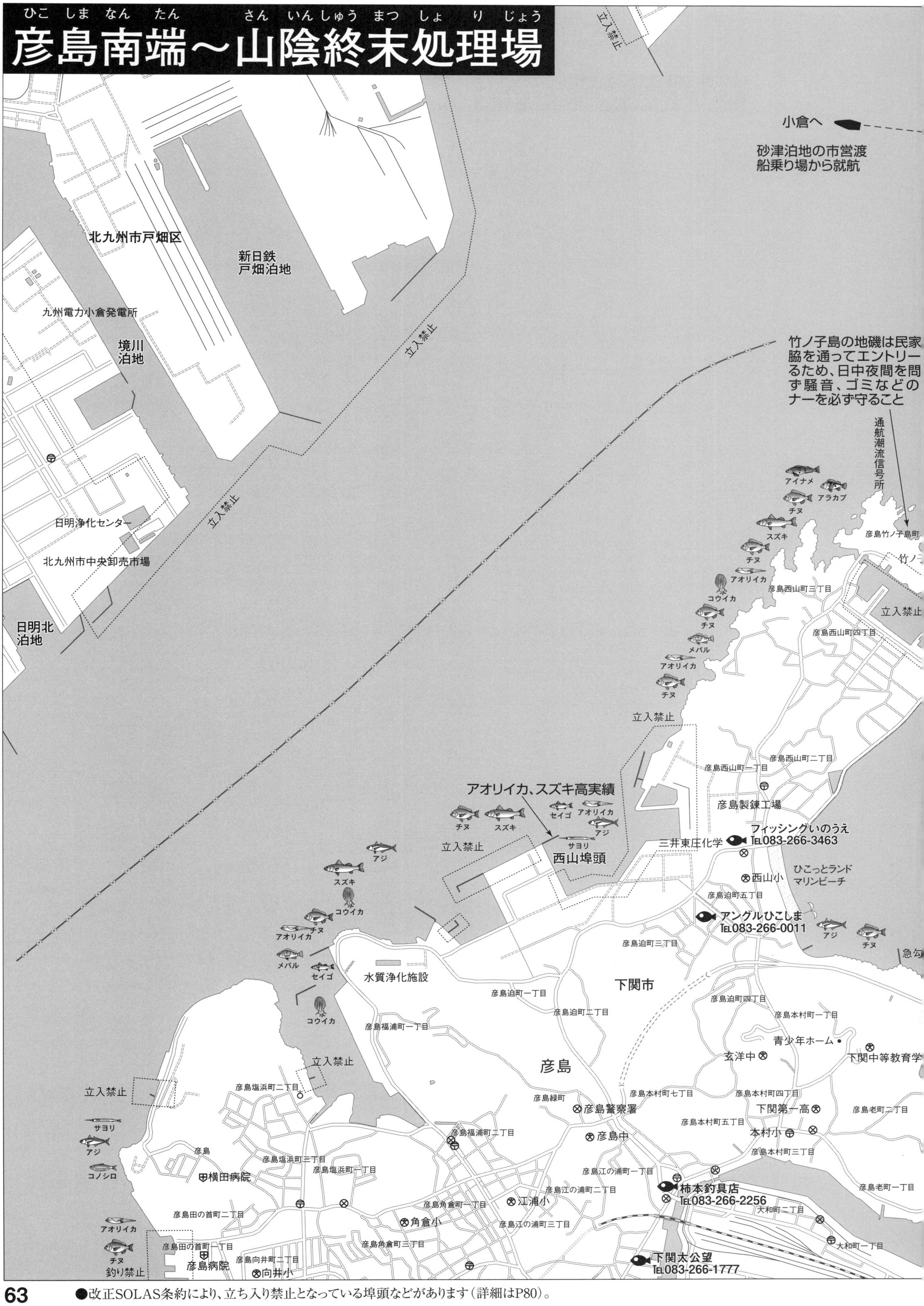

立入禁止
小倉へ
砂津泊地の市営渡
船乗り場から就航
北九州市戸畑区
新日鉄
戸畑泊地
九州電力小倉発電所
境川
泊地
立入禁止
竹ノ子島の地磯は民家
脇を通ってエントリー
るため、日中夜間を問
ず騒音、ゴミなどの
ナーを必ず守ること
通航潮流信号所
アイナメ
アラカブ
チヌ
スズキ
チヌ
アオリイカ
コウイカ
チヌ
メバル
アオリイカ
チヌ
彦島竹ノ子島町
竹ノ子
彦島西山町三丁目
立入禁止
彦島西山町四丁目
立入禁止
日明浄化センター
北九州市中央卸売市場
立入禁止
日明北
泊地
立入禁止
彦島西山町二丁目
彦島西山町一丁目
彦島製錬工場
アオリイカ、スズキ高実績
チヌ
スズキ
セイゴ
アオリイカ
アジ
サヨリ
フィッシングいのうえ
TEL083-266-3463
三井東圧化学
立入禁止
西山埠頭
アジ
スズキ
コウイカ
チヌ
アオリイカ
メバル
セイゴ
コウイカ
西山小
ひこっとランド
マリンビーチ
彦島迫町五丁目
アングルひこしま
TEL083-266-0011
アジ
チヌ
急勾
彦島迫町三丁目
水質浄化施設
下関市
彦島迫町一丁目
彦島迫町二丁目
彦島迫町四丁目
彦島本村町一丁目
彦島福浦町一丁目
青少年ホーム
玄洋中
下関中等教育学
彦島
立入禁止
立入禁止
彦島塩浜町二丁目
彦島緑町
彦島警察署
彦島本村町七丁目
彦島本村町四丁目
下関第一高
彦島老町二丁目
サヨリ
アジ
コノシロ
彦島福浦町二丁目
彦島中
彦島本村町五丁目
本村小
彦島本村町三丁目
彦島
彦島塩浜町三丁目
彦島塩浜町一丁目
横田病院
彦島江の浦町一丁目
柿本釣具店
TEL083-266-2256
彦島老町一丁目
彦島角倉町二丁目
江浦小
彦島江の浦町二丁目
彦島田の首町二丁目
角倉小
大和町二丁目
彦島江の浦町三丁目
アオリイカ
彦島田の首町一丁目
彦島角倉町三丁目
大和町一丁目
チヌ
釣り禁止
彦島病院
彦島向井町二丁目
向井小
下関大公望
TEL083-266-1777

●改正SOLAS条約により、立ち入り禁止となっている埠頭などがあります（詳細はP80）。

下関《しものせき》フィッシングパーク

遊歩道約200m、釣り台100m規模の釣り公園。アジゴ、アジ、サヨリ、チヌ、ヒラメなど多魚種がねらえ、ファミリーからベテランまで楽しめる釣り場。ただし、投げ釣りとルアー釣りは禁止されている。

下関フィッシングパーク TEL083-286-5210
4月:6～19時、5～10月:5～20時、11月:6～18時、
12～3月:7～17時
休園日:毎週火曜日(祝日の場合はその次の平日)
1日一般:1200円、小中学生600円
基本釣り料(4時間まで)一般:800円、小中学生400円
割増釣り料(1時間あたり)一般:200円、小中学生100円
観覧一般:200円、小中学生100円
回数券(11枚綴り4時間券)一般:8000円、小中学生:4000円

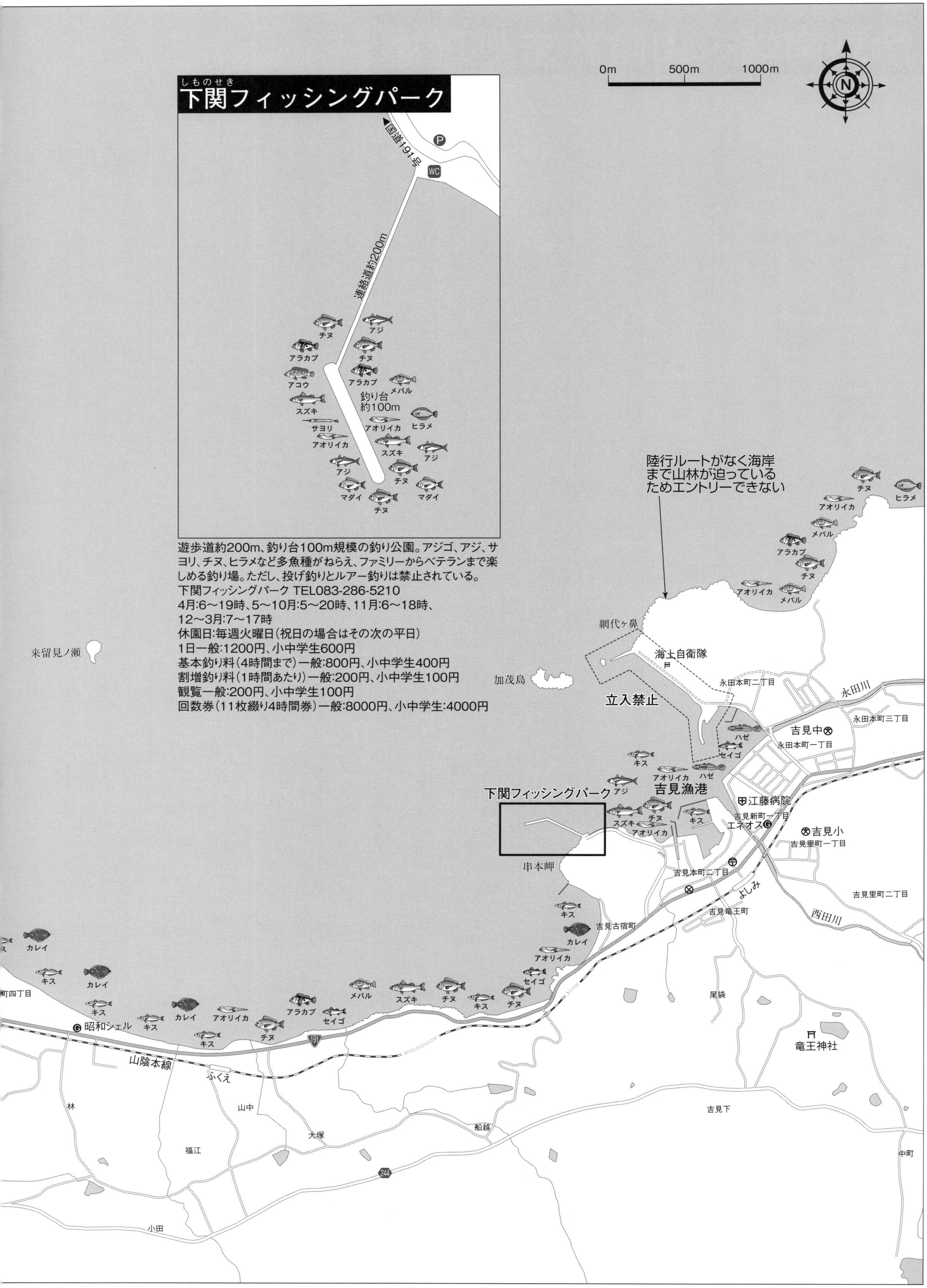

0m
500m
1000m
N
国道191号
P
WC
連絡道約200m
釣り台
約100m
チヌ
アジ
アラカブ
アコウ
メバル
スズキ
ヒラメ
サヨリ
アオリイカ
マダイ
陸行ルートがなく海岸
まで山林が迫っている
ためエントリーできない
網代ヶ鼻
海上自衛隊
立入禁止
来留見ノ瀬
加茂島
永田本町二丁目
永田川
永田本町三丁目
吉見中
永田本町一丁目
ハゼ
セイゴ
キス
吉見漁港
下関フィッシングパーク
江藤病院
吉見新町一丁目
エネオス
吉見小
吉見里町一丁目
串本岬
吉見本町二丁目
よしみ
吉見竜王町
吉見古宿町
吉見里町二丁目
西田川
カレイ
町四丁目
昭和シェル
191
山陰本線
ふくえ
尾袋
竜王神社
林
山中
吉見下
大塚
船越
福江
244
中町
小田

山陰《さんいん》終末《しゅうまつ》処理《しょり》場《じょう》～吉見《よしみ》漁港《ぎょこう》

綾羅木川《あやらぎがわ》河口《かこう》

中規模河川の河口ながら、青もの、ヒラメ、スズキ……と人気魚種の良型が数多くあがっている。導流堤にはテトラが投入されているものの、足場は比較的よく、どこからでもサオがだせる。高架道路がこの河口上を通ることになるが、導流堤付近は大きく変わることはなさそう。ただし、工事期間中の釣行は、安全上の配慮から現場の指示に従うこと。

安岡《やすおか》漁港

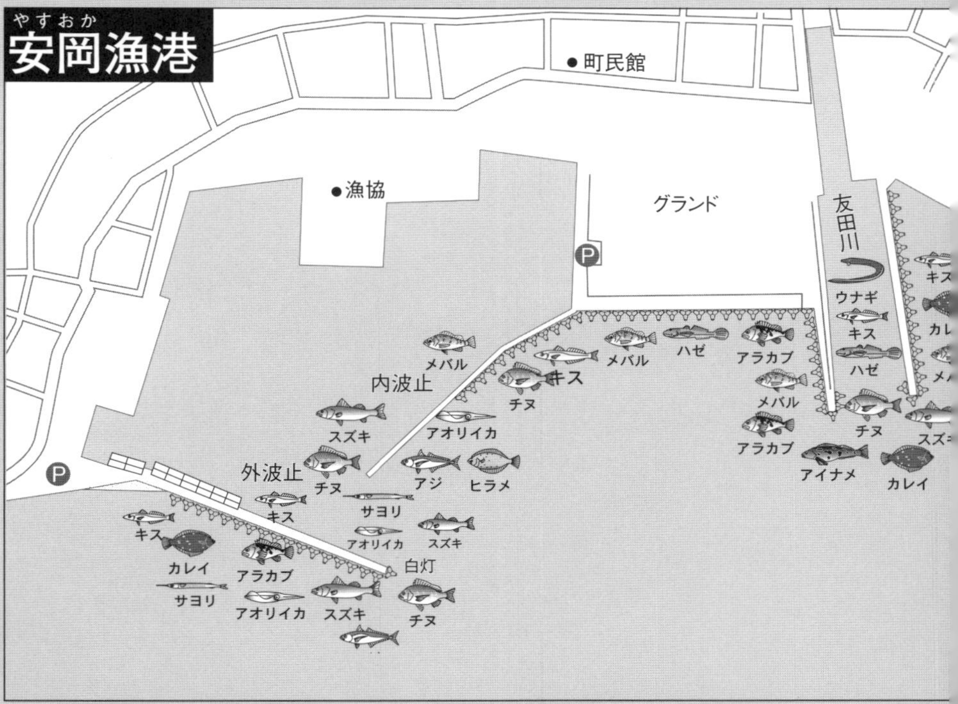

外波止の外側は総体的にシャローエリアが広がっている。波止付け根一帯には藻場が点在し、沖カケアガリがひかえ、いうまでもなくアオリイカ釣り場の好条件を満たしている。テトラが入っているがり座が確保できないほどではない。もっとも、そんな足場事情からか、内波止から外向きに釣る人が多

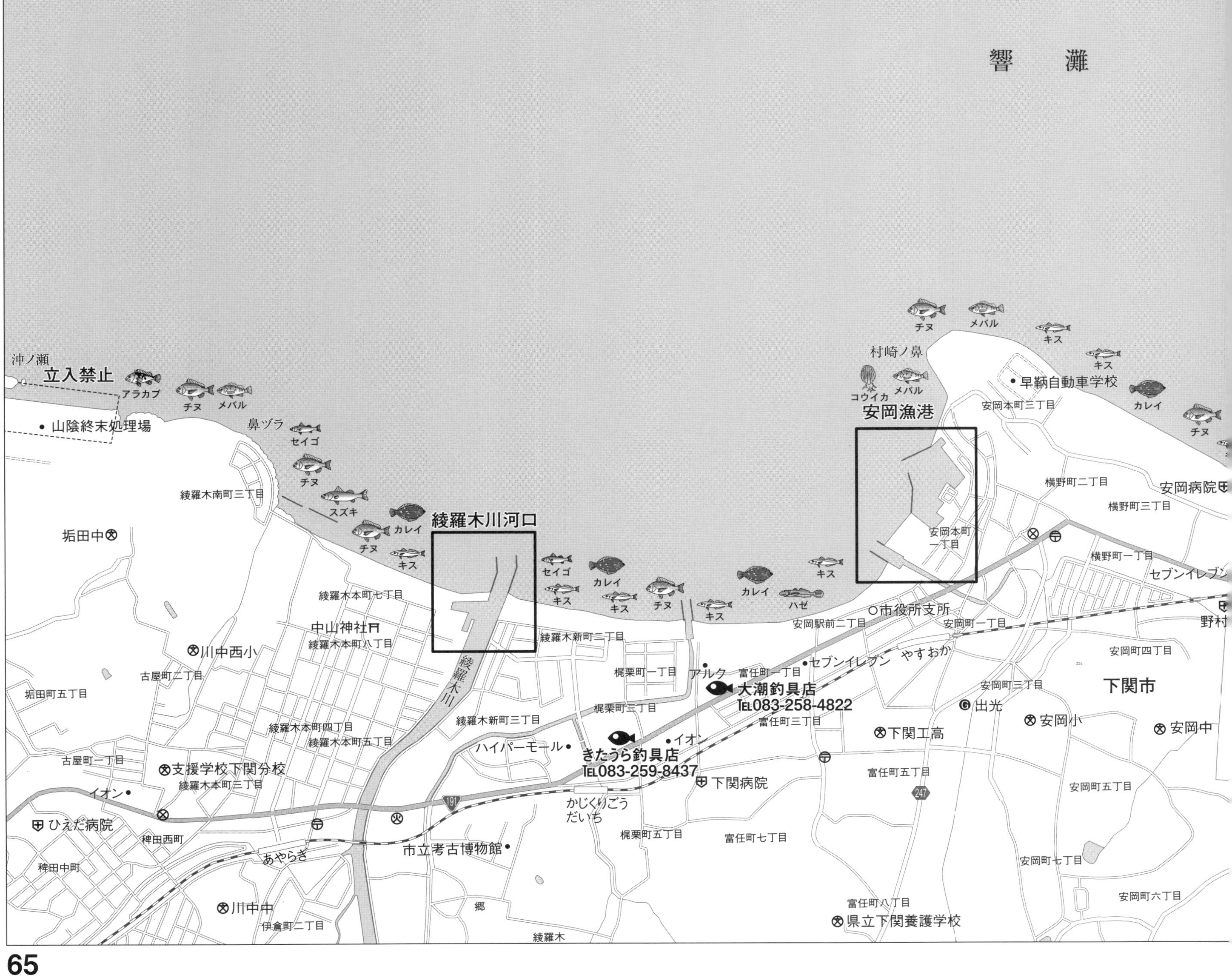

室《むろ》津《つ》下《しも》漁港

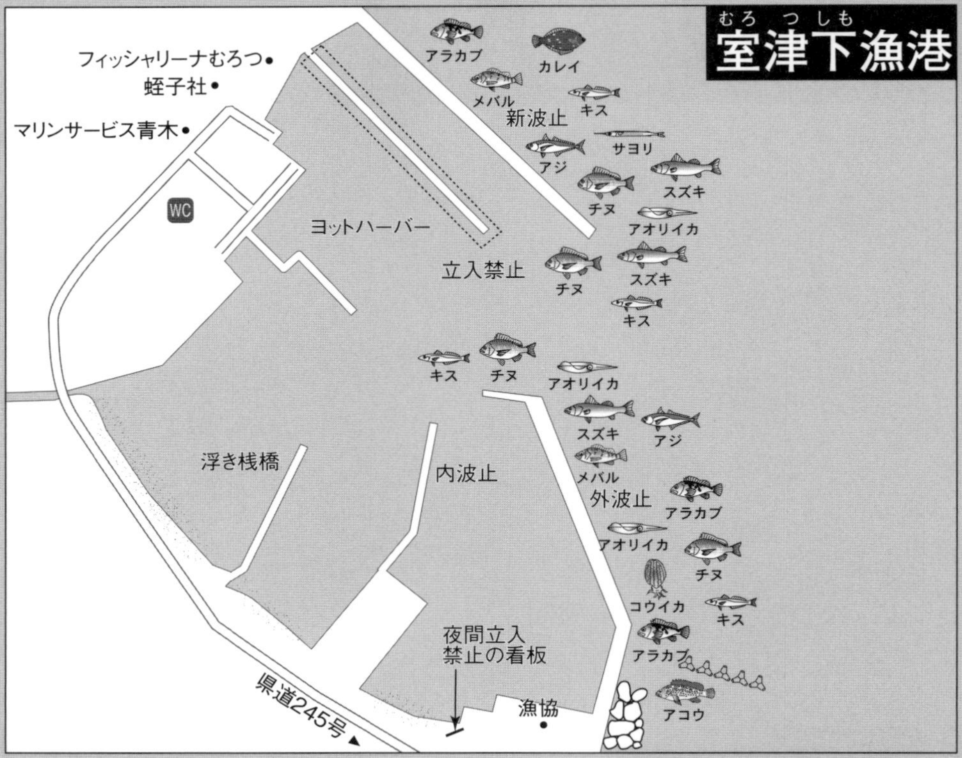

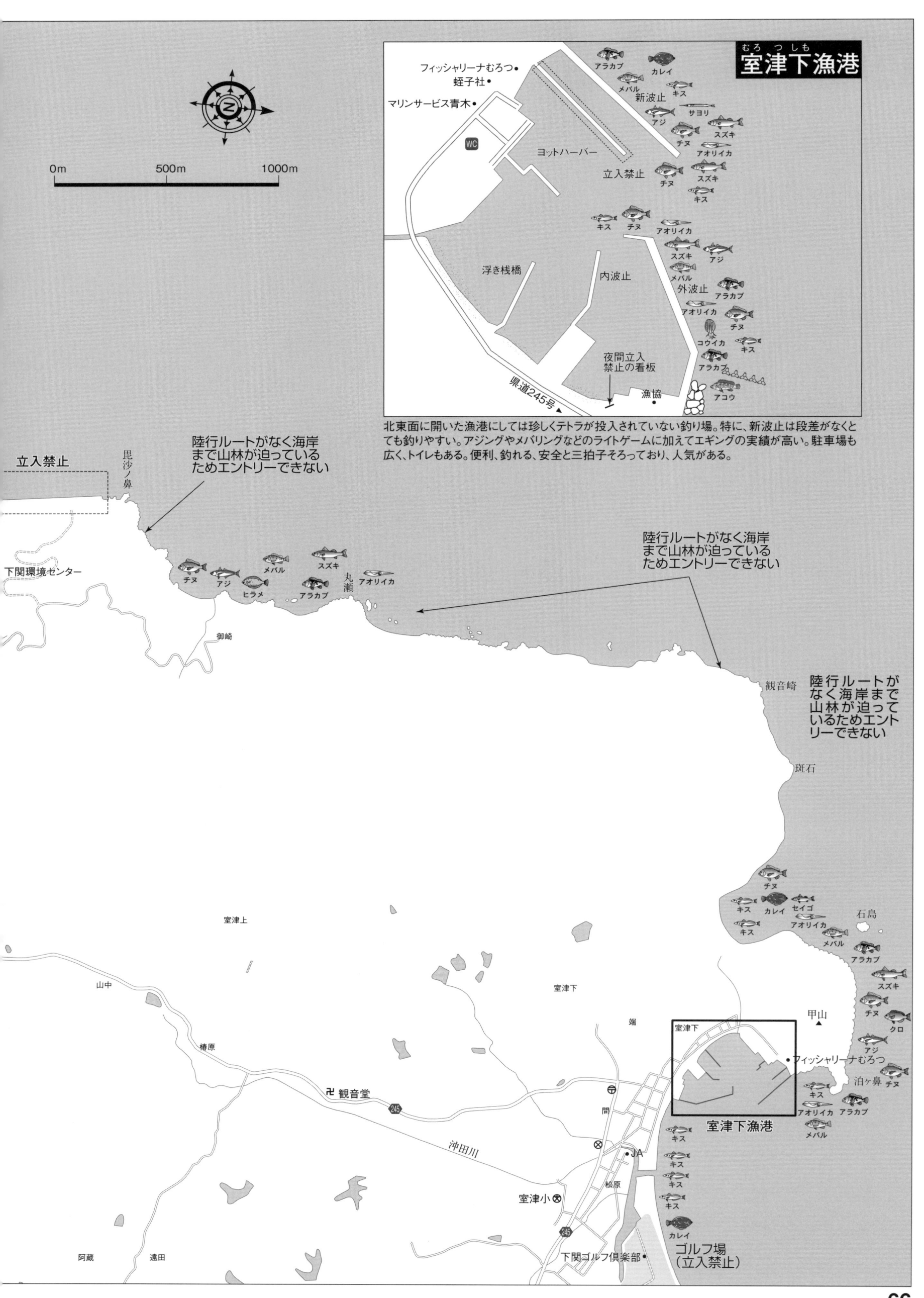

北東面に開いた漁港にしては珍しくテトラが投入されていない釣り場。特に、新波止は段差がなくとても釣りやすい。アジングやメバリングなどのライトゲームに加えてエギングの実績が高い。駐車場も広く、トイレもある。便利、釣れる、安全と三拍子そろっており、人気がある。

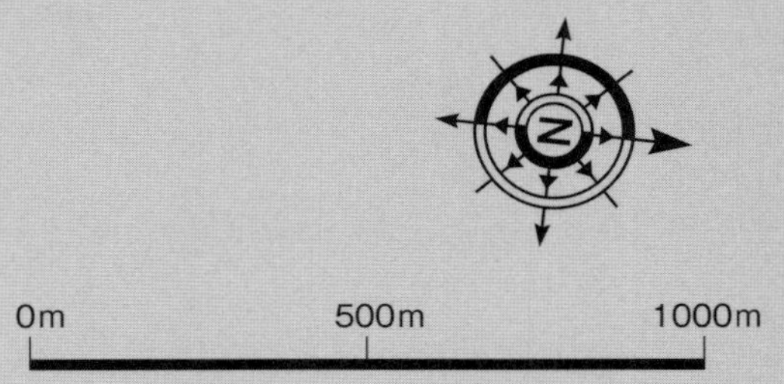

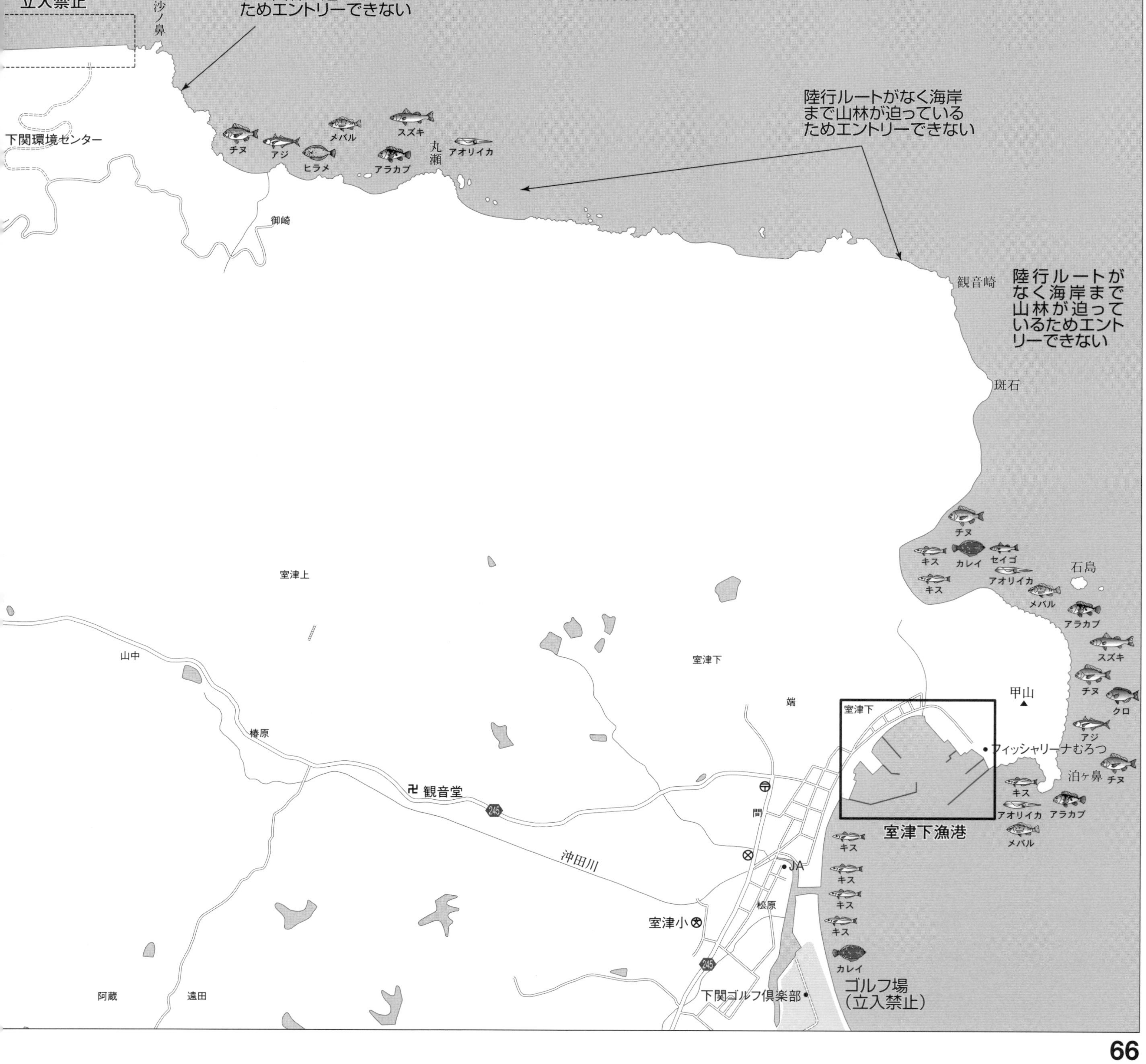

吉《よし》見《み》〜室《むろ》津《つ》下《しも》漁《ぎょ》港《こう》

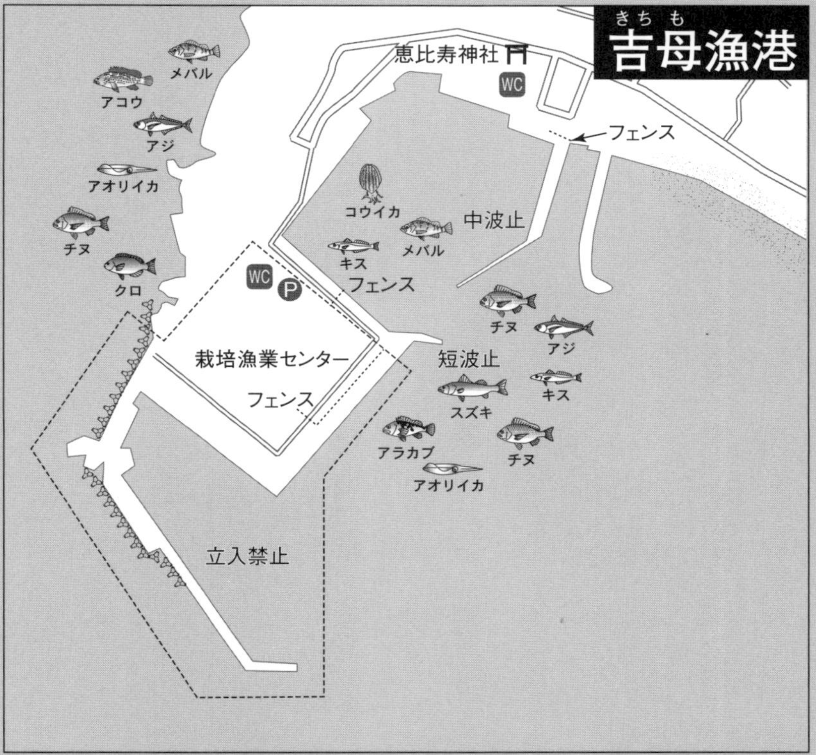

近年大きく変わった釣り場の一つ。漁港の南側に栽培漁業センターが建設されたことから周辺への立ち入りが制限された。さらには漁港の東側に続いていた自然のままの海岸が整備され、海岸の両端に突堤が造られた。漁港を形成する二本のうちの一本、中波止はフェンスが設置され、立入禁止区域となっている。残る一本の波止は短波止。しかし、この短波止が実に熱い。収容人数に限りがあるが、アオリイカの釣果に定評がある。

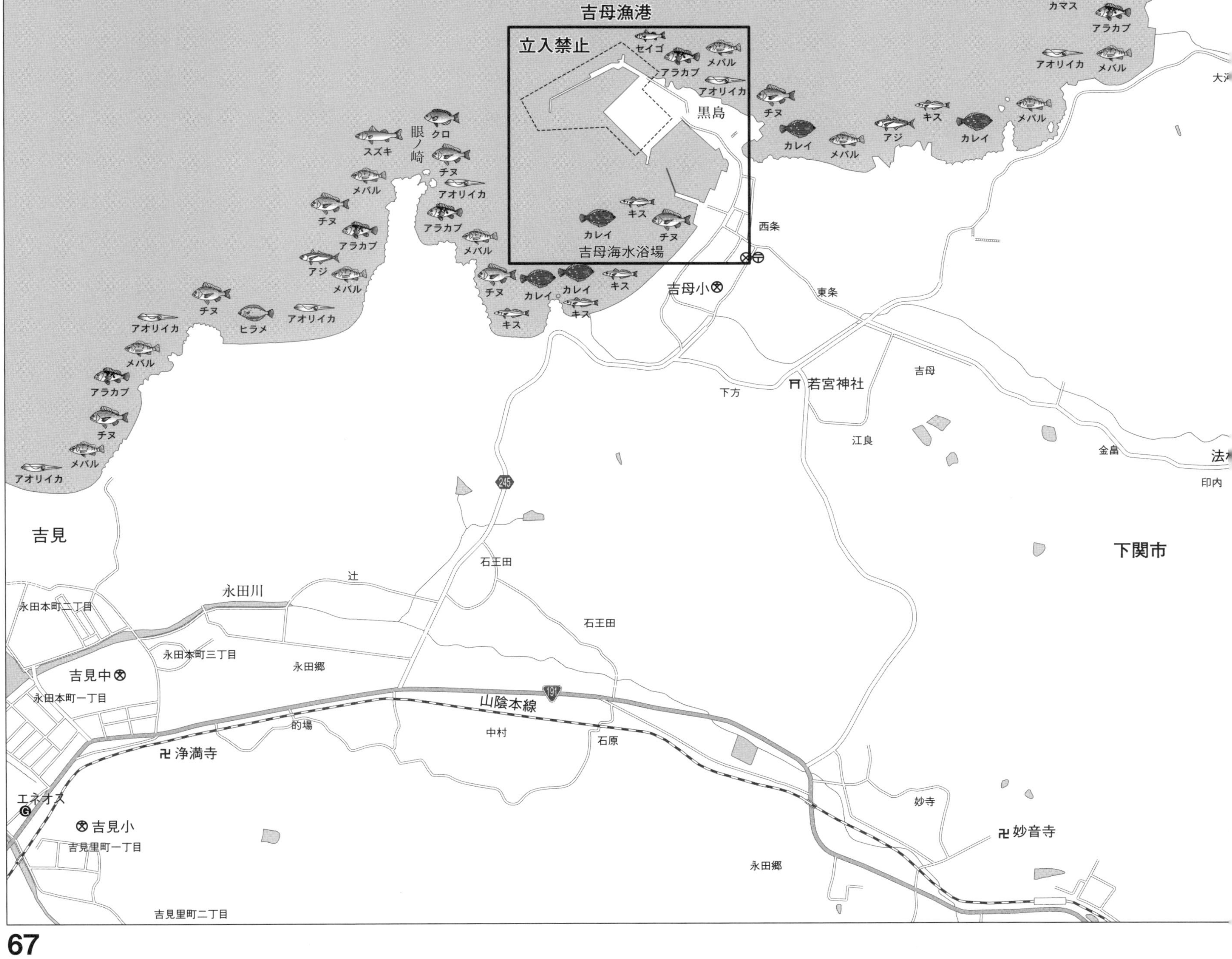

0m 500m 1000m

小串《こぐし》漁港

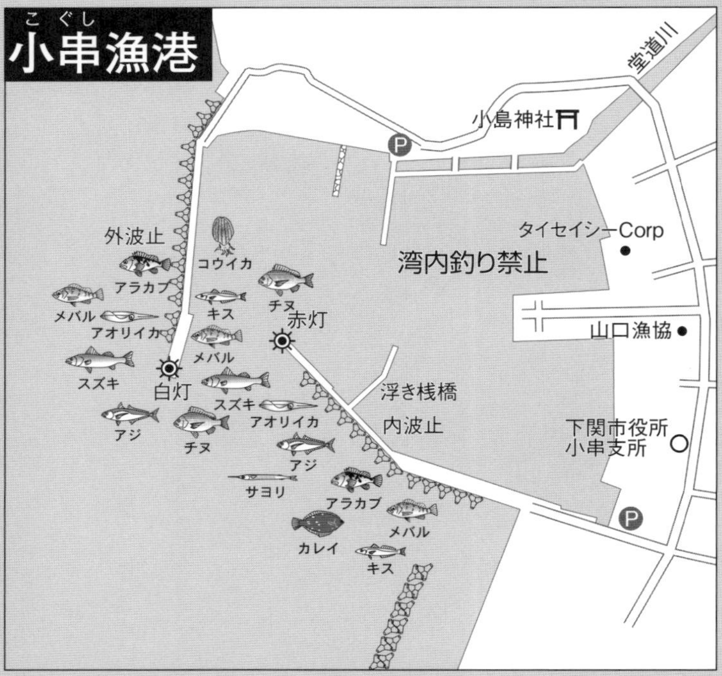

外波止は駐車スペースからゴロタ場を歩いて行かねばならず、人気は赤灯台がある内波止に譲る。しかし、水深や障害物など、条件面では外波止のほうが勝っており、春や秋の好シーズンは人が集中する。赤灯台付近は波止が延長されて日が浅く、テトラがなく釣りやすい。実績もまずまずで、アクセスのよさが人気の理由。

二見《ふたみ》漁港

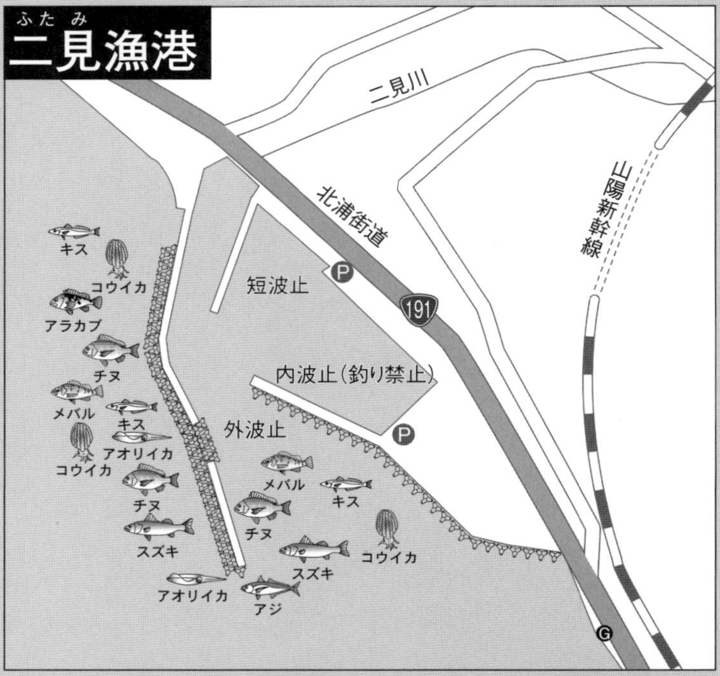

外波止の外側にはテトラが重層的に投入されており、釣り座を確保できるのは一部分。その一部分でもアオリイカの実績は折り紙つき。テトラでの釣りは大変危険なため、テトラ以外の足場から釣るようにしたい。波止の先端から漁港の出入口を釣ることができれば、キス、コウイカ、アオリイカ、アジ、スズキなど多彩な魚種をねらえる。

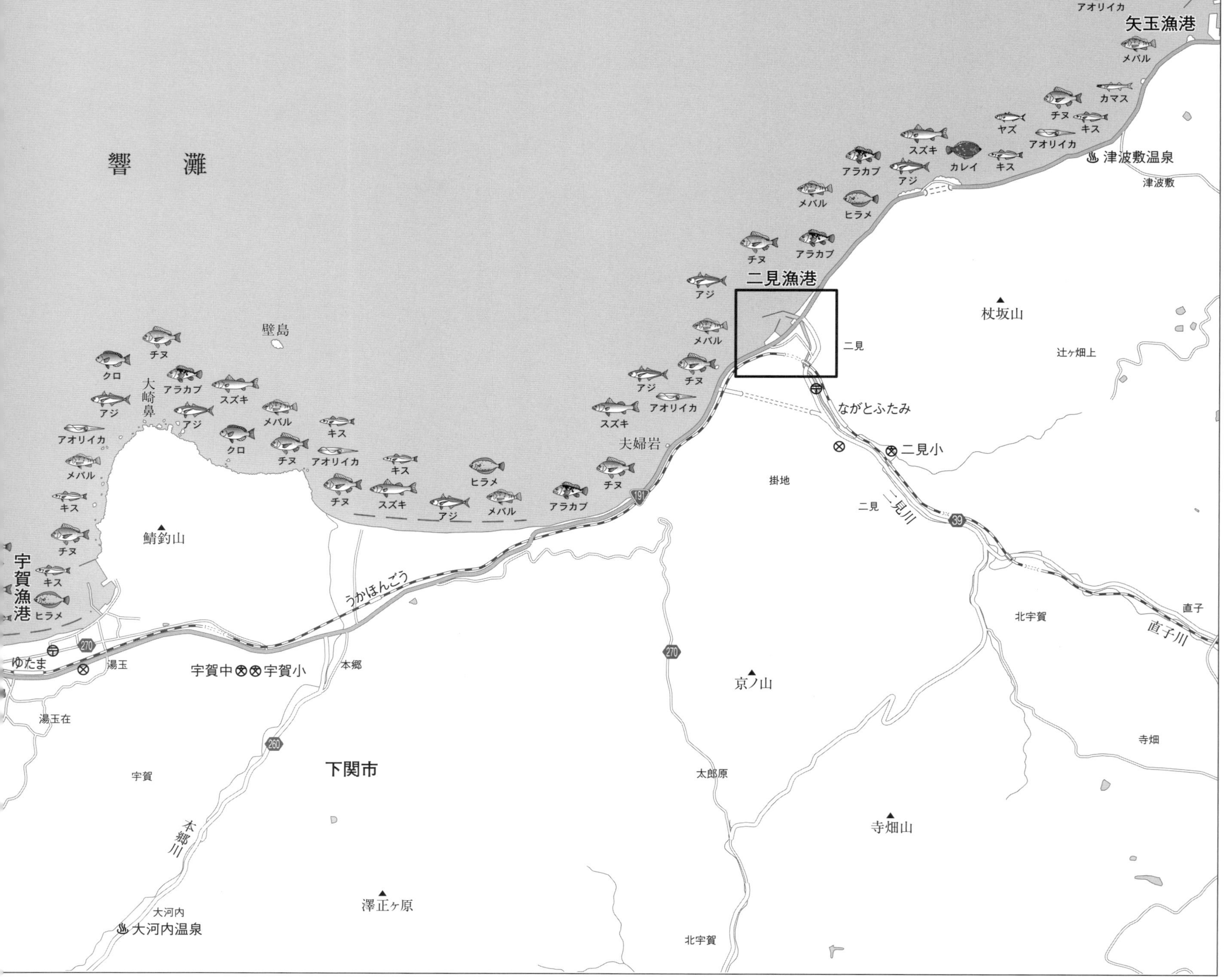

涌田漁港〜矢玉漁港

涌田漁港（わいた）

入場料が必要
（大人1,000円、子供500円）

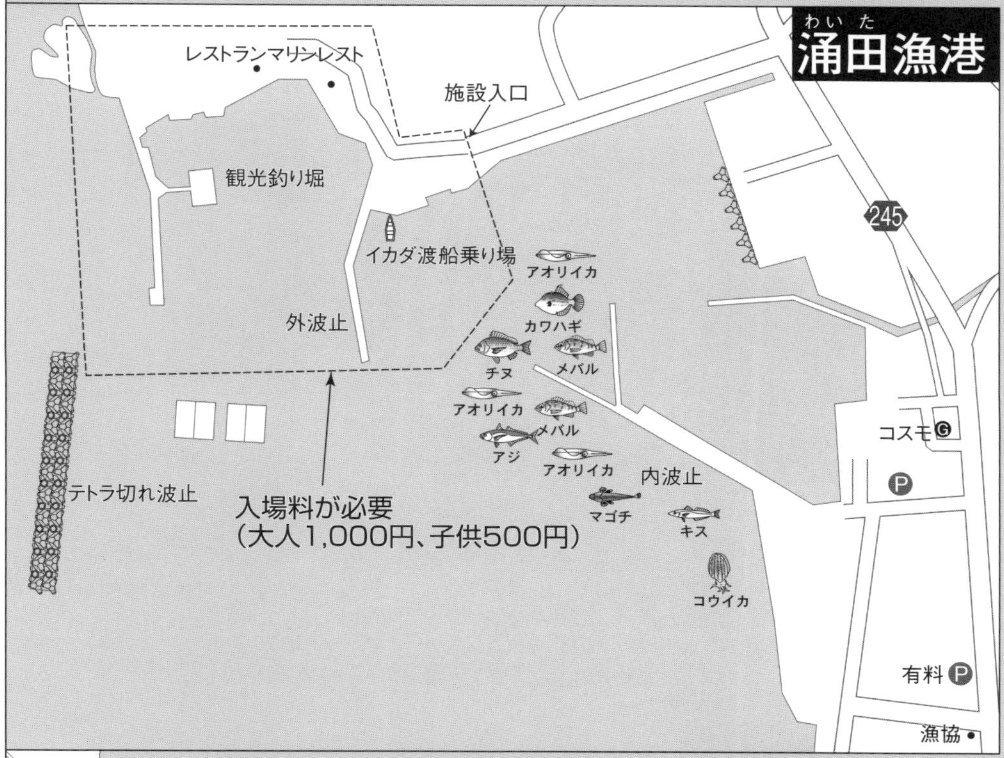

砂浜と地磯の境にある漁港。外波止は釣りのレジャー施設内にあり、入場料が必要。よってメインは内波止となる。海底は基本的に砂地で港内のほうが水深がある。アオリイカの実績が高いことで知られ、キス、コウイカ、散発的ながらマゴチが釣れる。

川棚漁港（かわたな）

清掃協力金500円が必要

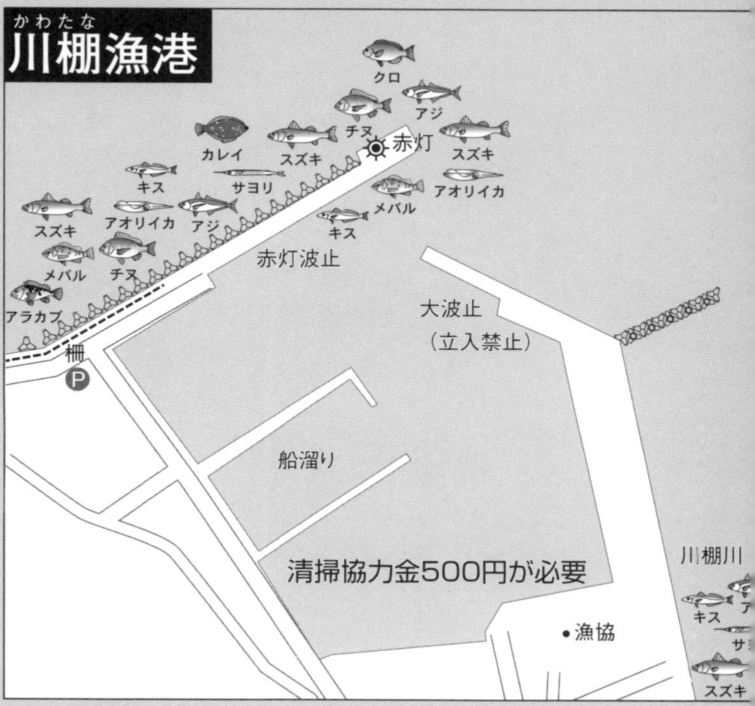

メインは赤灯波止。なかでも人気があるのは先端付近。テトラが入っていないことが大きな理由。付け根から先端付近まで外側にテトラが入っているとはいえ、較的釣り座を確保しやすく、テトラから釣る人も多い。よって実績もこちらに集する。夜間は外灯がある船溜まり付近でも釣れる。アオリイカの実績もある。

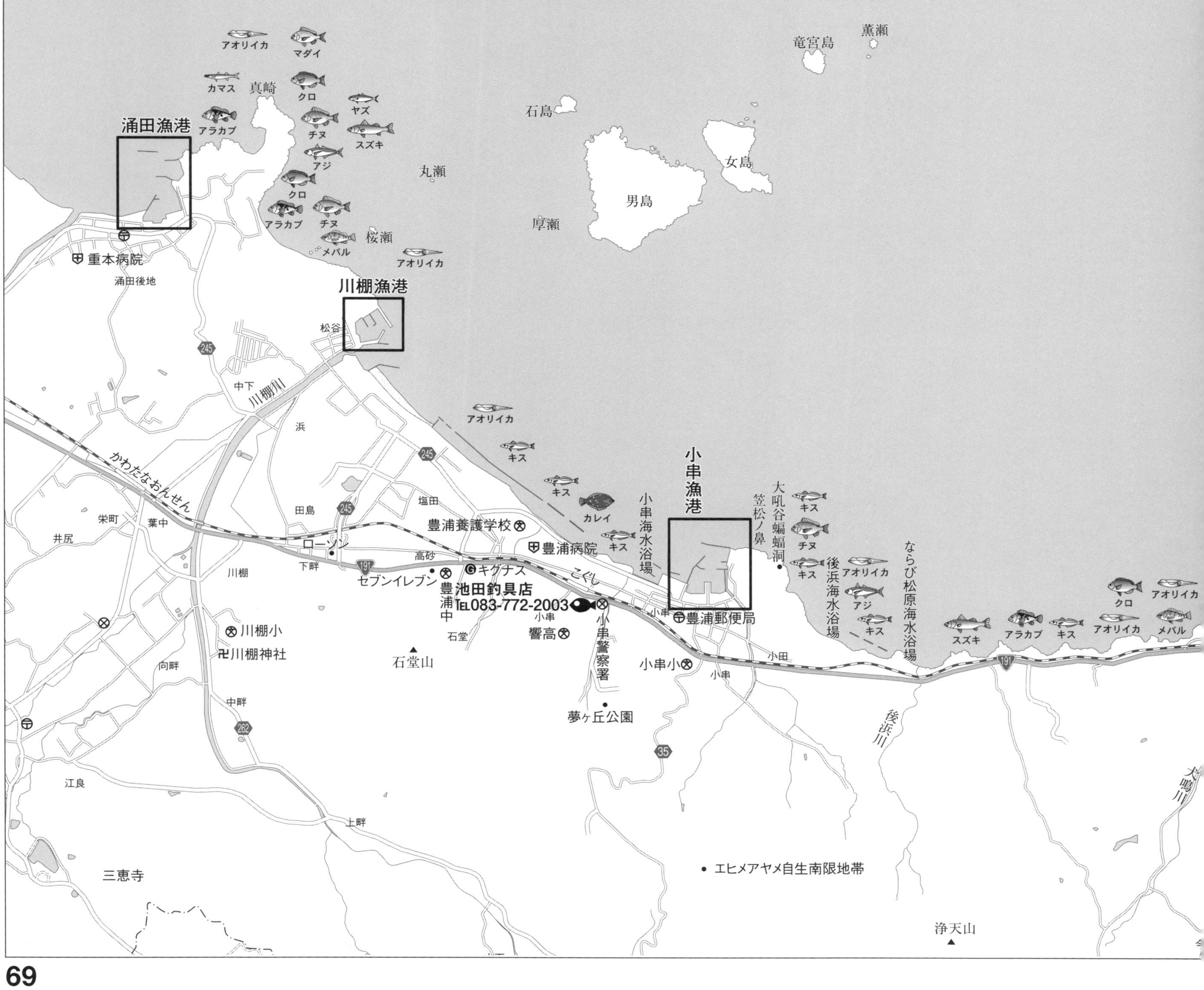

橋の開通以降、釣り人が増え、マナー等の問題から漁港での釣りが禁止されてしまった。そのことで、釣り人のなかには角島全体が釣り禁止と認識している人がいるようだが、現在は牧崎、鯛ノ浦海岸の護岸、中道漁港のテトラ、笠岩、田ノ尻漁港～平坊大・岩間、田無漁港の護岸帯で釣りができる。ただし、夜間はすべて禁止

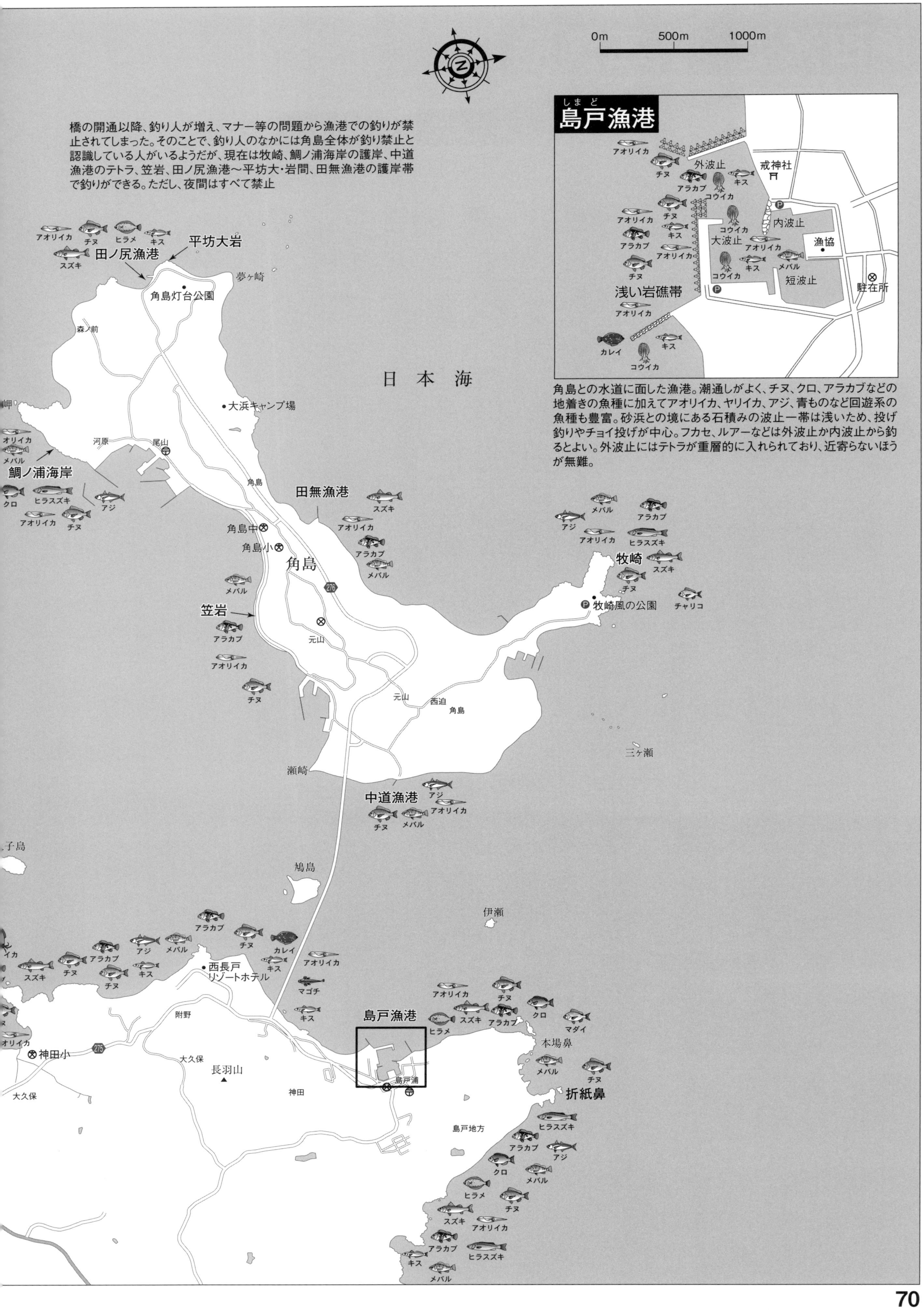

角島との水道に面した漁港。潮通しがよく、チヌ、クロ、アラカブなどの地着きの魚種に加えてアオリイカ、ヤリイカ、アジ、青ものなど回遊系の魚種も豊富。砂浜との境にある石積みの波止一帯は浅いため、投げ釣りやチョイ投げが中心。フカセ、ルアーなどは外波止か内波止から釣るとよい。外波止にはテトラが重層的に入れられており、近寄らないほうが無難。

矢《や》玉《たま》漁《ぎょ》港《こう》～折《おり》紙《がみ》鼻《ばな》

和久《わく》漁港

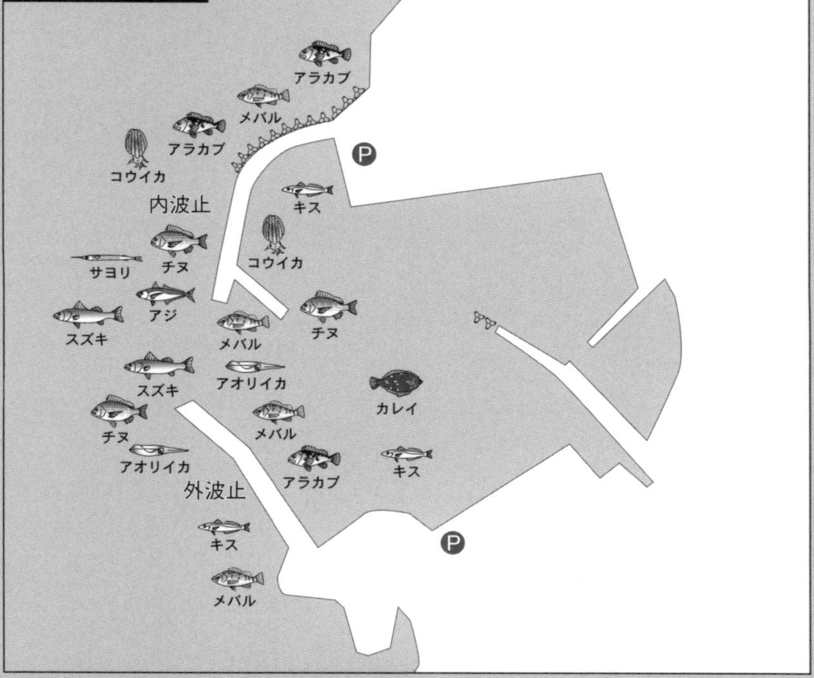

道の駅・北浦街道豊北の南に位置する穴場的釣り場。メインは沖にある二本の波止。足元の水深は約5mとほどよく、沖に向かうにしたがって深くなる。フカセ釣りのチヌ、クロ、遠投カゴのアジ釣り、ヤリイカ釣りが面白い。また、エギング釣り場でもあり、アオリイカの実績も豊富。マナーを守り、現地の指示に従って釣ること。

特牛《こっとい》漁港

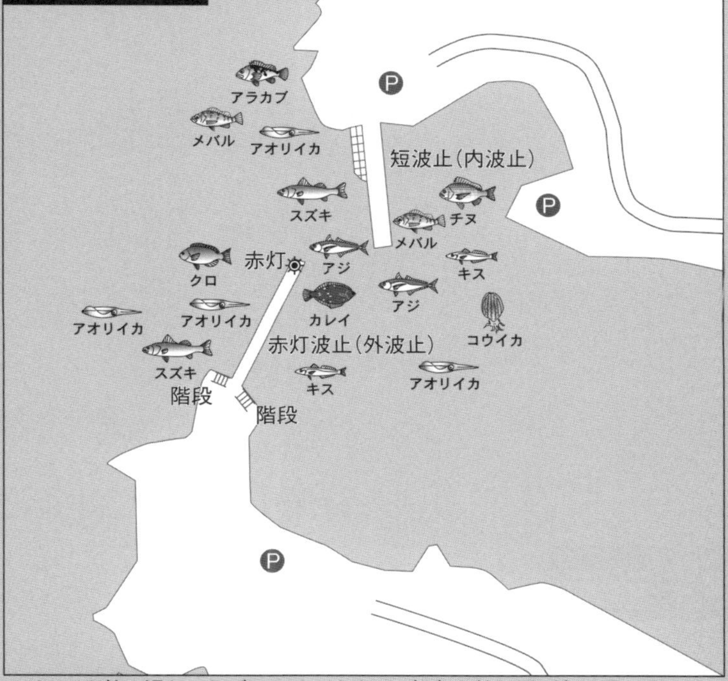

アオリイカ釣り場といえばここ、というくらい有名な釣り場。懐の深い入り江の出入口に二本の波止がのびており、どちらも波止の付け根から地磯に降りられる。もっとも、北側の内波止から続く地磯は小規模で1～2人入るのがやっと。赤灯台がある外波止のほうの地磯は収容力があり、実績充分。波止にはテトラが投入されておらず、釣りやすい。入り江を転々と釣り歩いてもよい。

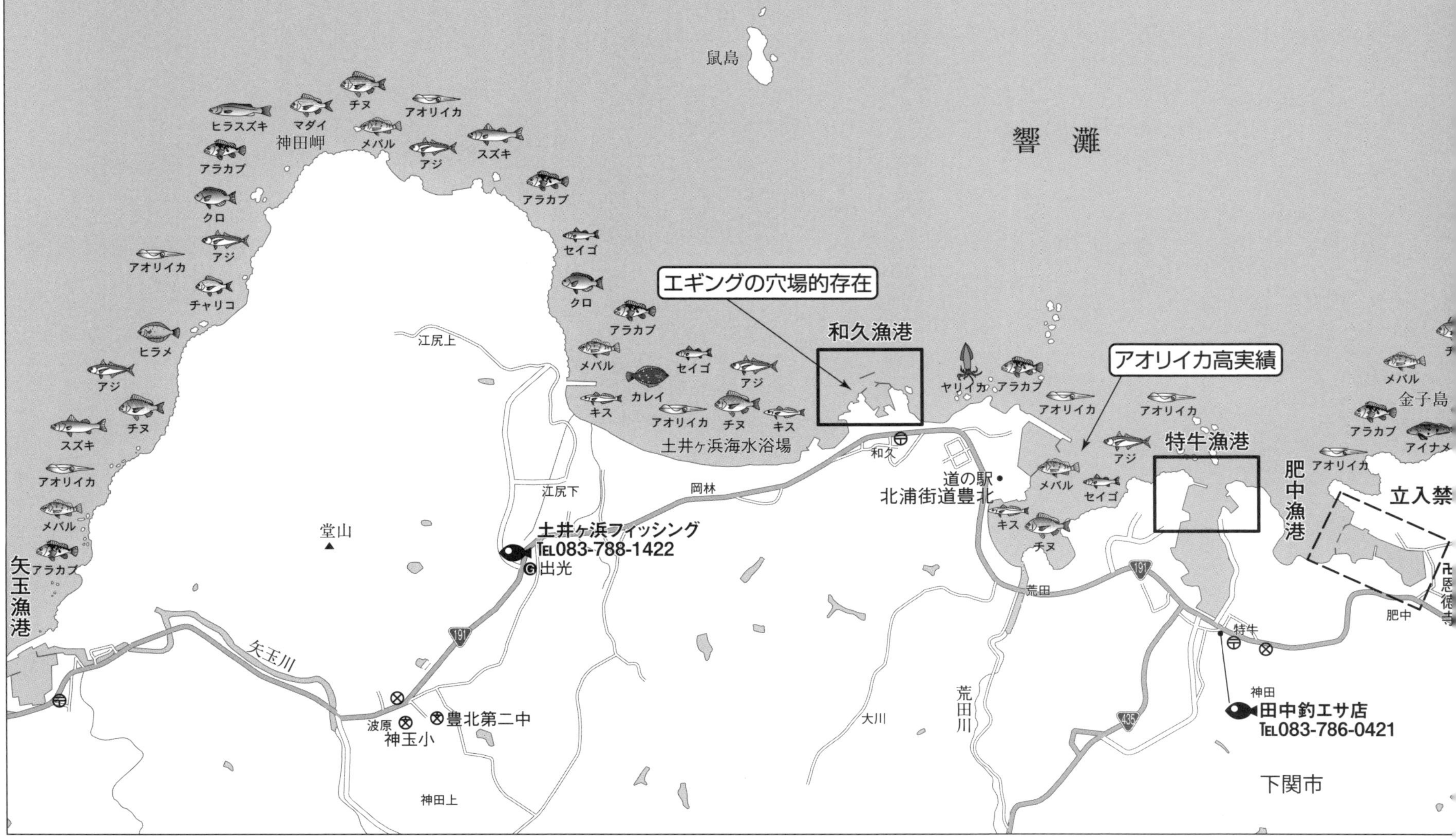

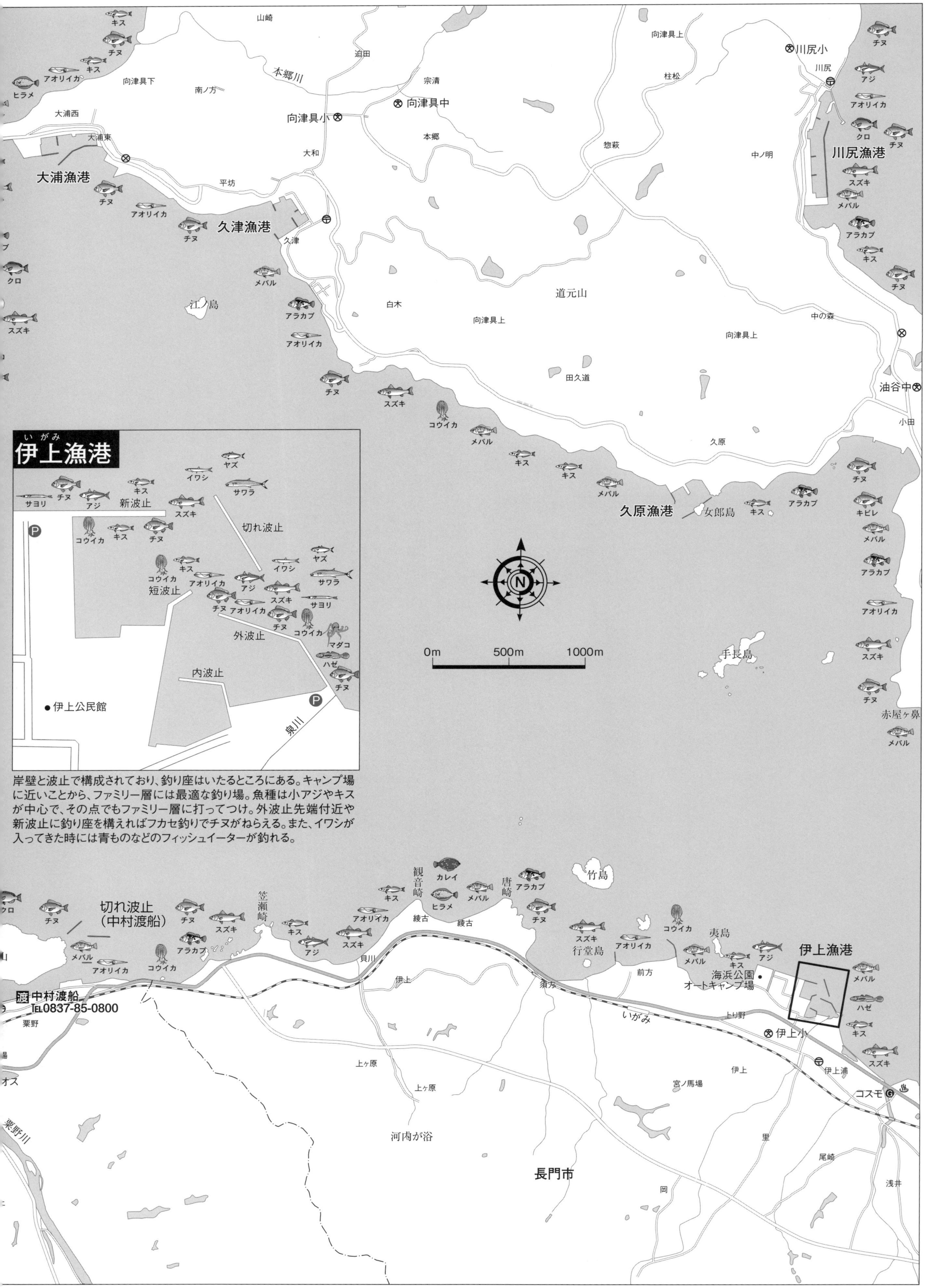

岸壁と波止で構成されており、釣り座はいたるところにある。キャンプ場に近いことから、ファミリー層には最適な釣り場。魚種は小アジやキスが中心で、その点でもファミリー層に打ってつけ。外波止先端付近や新波止に釣り座を構えればフカセ釣りでチヌがねらえる。また、イワシが入ってきた時には青ものなどのフィッシュイーターが釣れる。

折紙鼻《おりがみばな》～川尻漁港《かわじりぎょこう》

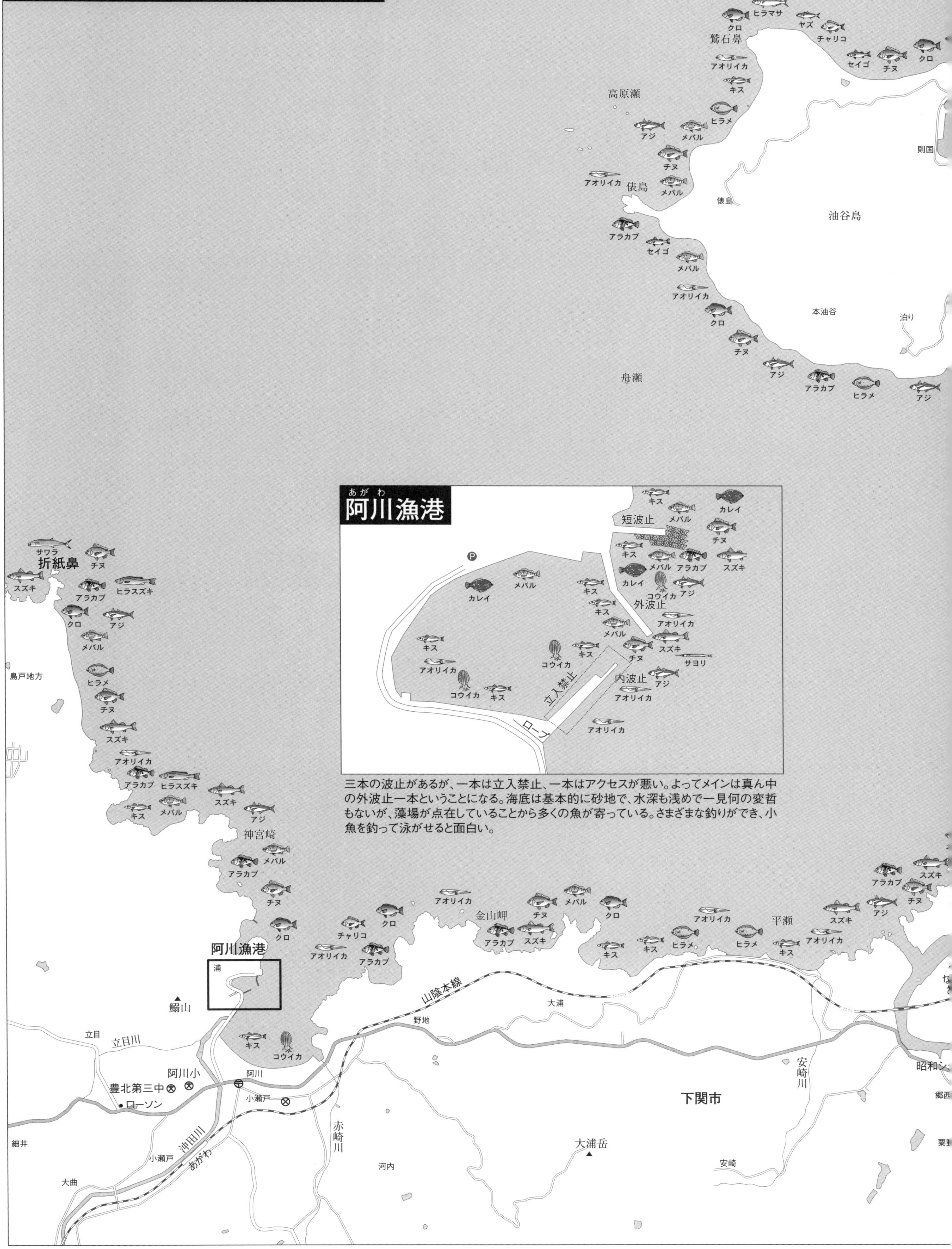

三本の波止があるが、一本は立入禁止、一本はアクセスが悪い。よってメインは真ん中の外波止一本ということになる。海底は基本的に砂地で、水深も浅めで一見何の変哲もないが、藻場が点在していることから多くの魚が寄っている。さまざまな釣りができ、小魚を釣って泳がせると面白い。

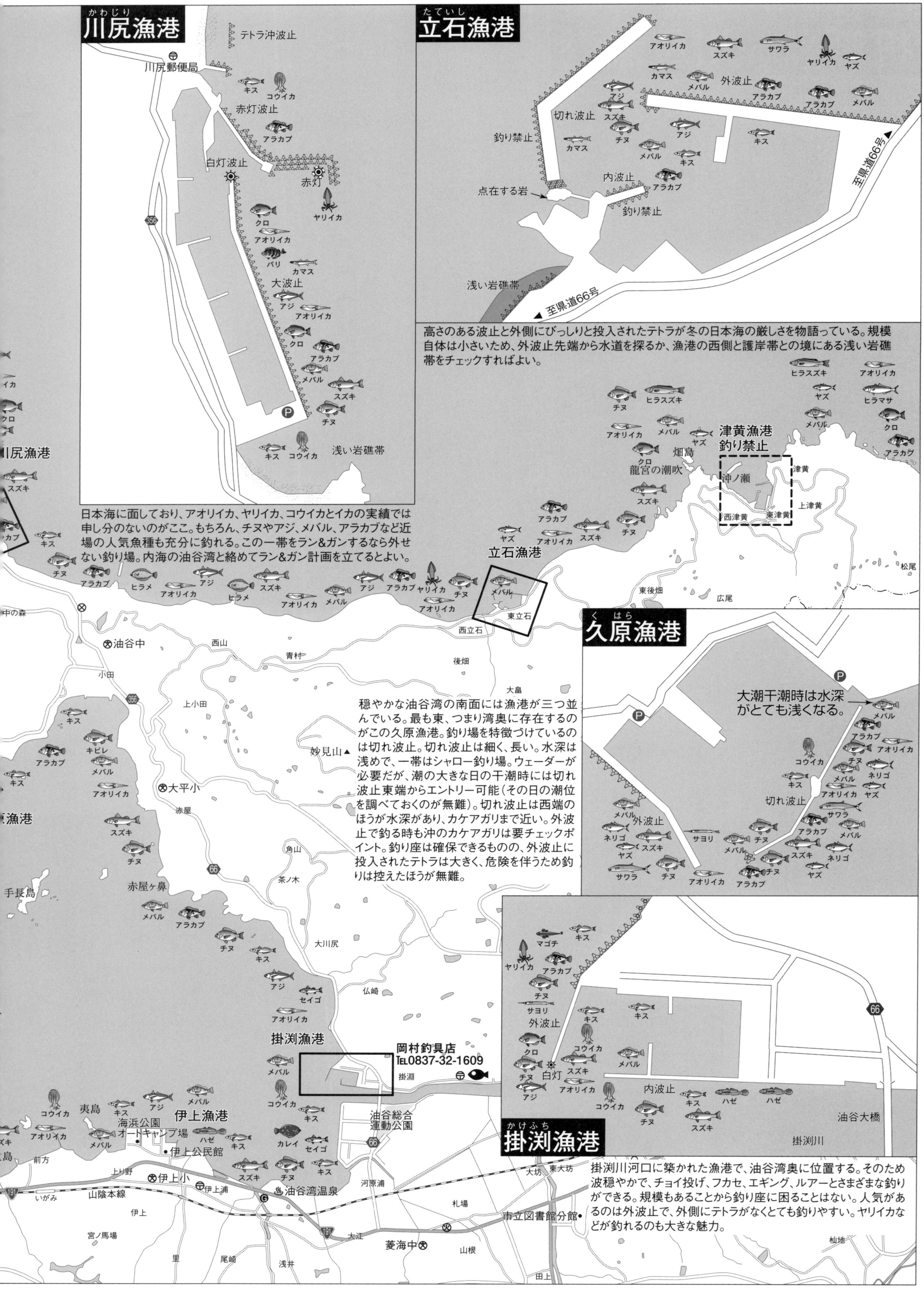

高さのある波止と外側にびっしりと投入されたテトラが冬の日本海の厳しさを物語っている。規模自体は小さいため、外波止先端から水道を探るか、漁港の西側と護岸帯との境にある浅い岩礁帯をチェックすればよい。

日本海に面しており、アオリイカ、ヤリイカ、コウイカとイカの実績では申し分のないのがここ。もちろん、チヌやアジ、メバル、アラカブなど近場の人気魚種も充分に釣れる。この一帯をラン&ガンするなら外せない釣り場。内海の油谷湾と絡めてラン&ガン計画を立てるとよい。

穏やかな油谷湾の南面には漁港が三つ並んでいる。最も東、つまり湾奥に存在するのがこの久原漁港。釣り場を特徴づけているのは切れ波止。切れ波止は細く、長い。水深は浅めで、一帯はシャロー釣り場。ウェーダーが必要だが、潮の大きな日の干潮時には切れ波止東端からエントリー可能（その日の潮位を調べておくのが無難）。切れ波止は西端のほうが水深があり、カケアガリまで近い。外波止で釣る時も沖のカケアガリは要チェックポイント。釣り座は確保できるものの、外波止に投入されたテトラは大きく、危険を伴うため釣りは控えたほうが無難。

掛渕川河口に築かれた漁港で、油谷湾奥に位置する。そのため波穏やかで、チョイ投げ、フカセ、エギング、ルアーとさまざまな釣りができる。規模もあることから釣り座に困ることはない。人気があるのは外波止で、外側にテトラがなくとても釣りやすい。ヤリイカなどが釣れるのも大きな魅力。

笠瀬崎《かさせざき》～油谷島《ゆやしま》～津黄漁港《つおうぎょこう》

久《く》津《つ》漁港

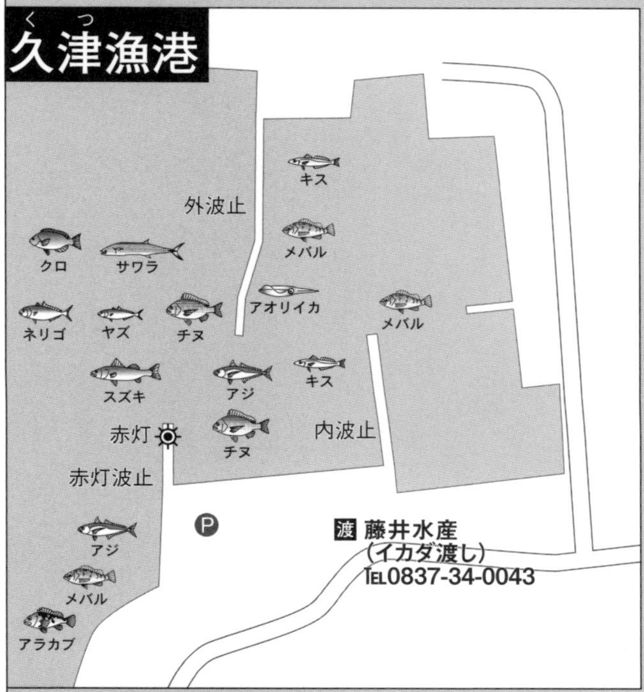

東隣の久原漁港よりも規模が大きく、水深がある。内波止の港内側はシャローエリアが広がっており、春のアオリイカの時期は要チェックポイント。人気があるのは外波止で、外向きは水深があり、さまざまな釣りが楽しめる。規模が大きいため、アジは港内でも充分に期待できる。

大《おお》浦《うら》漁港

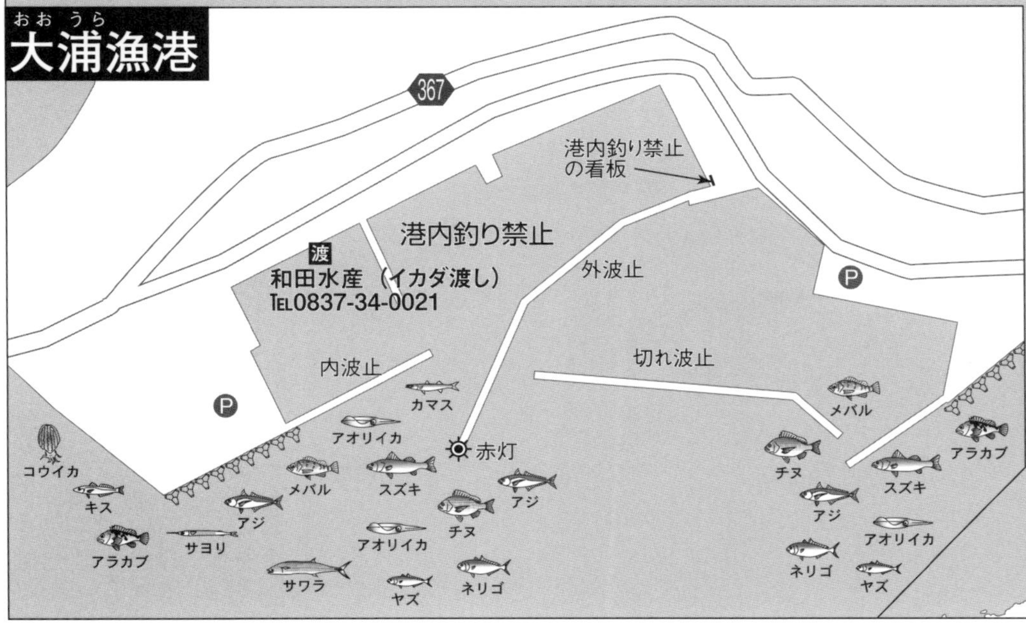

東隣の久津漁港よりもやや規模が大きく、漁港から続く護岸帯からでも釣りは可能。護岸帯には藻が繁っており、アオリイカやチヌ、メバルのポイント。人気があるのは赤灯台がある外波止で、切れ波止方向に探りを入れるとよい。潮の動きが変わりやすいので、釣る時はどこがポイントになるか意識しておくとよい。港内は釣り禁止。

仙崎漁港 (せんざき)

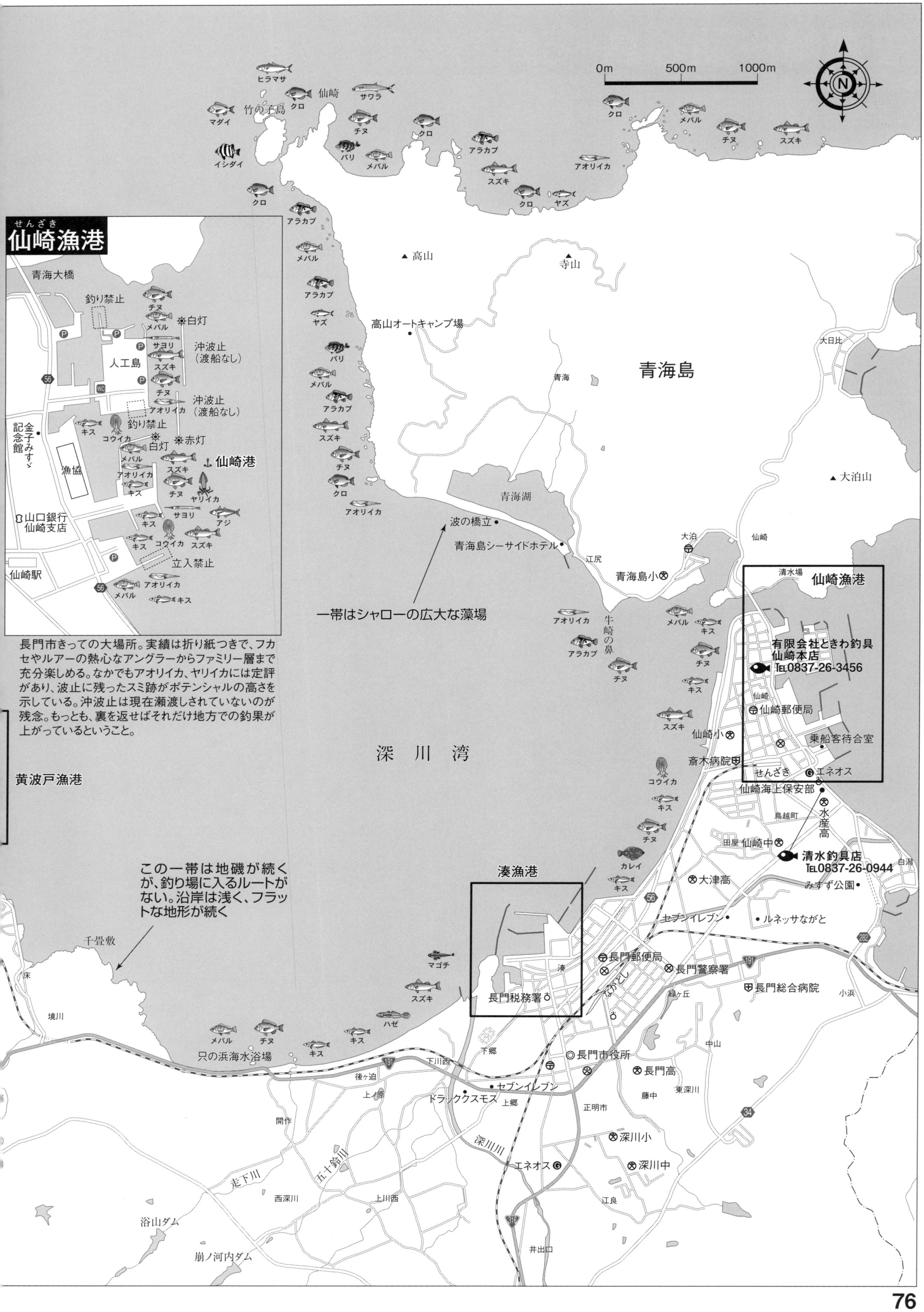

長門市きっての大場所。実績は折り紙つきで、フカセやルアーの熱心なアングラーからファミリー層まで充分楽しめる。なかでもアオリイカ、ヤリイカには定評があり、波止に残ったスミ跡がポテンシャルの高さを示している。沖波止は現在瀬渡しされていないのが残念。もっとも、裏を返せばそれだけ地方での釣果が上がっているということ。

黄波戸漁港

この一帯は地磯が続くが、釣り場に入るルートがない。沿岸は浅く、フラットな地形が続く

一帯はシャローの広大な藻場

仙崎漁港
有限会社ときわ釣具 仙崎本店
TEL 0837-26-3456

清水釣具店
TEL 0837-26-0944

青海島
深川湾
湊漁港

0m　500m　1000m

千畳敷《せんじょうじき》～仙崎漁港《せんざきぎょこう》

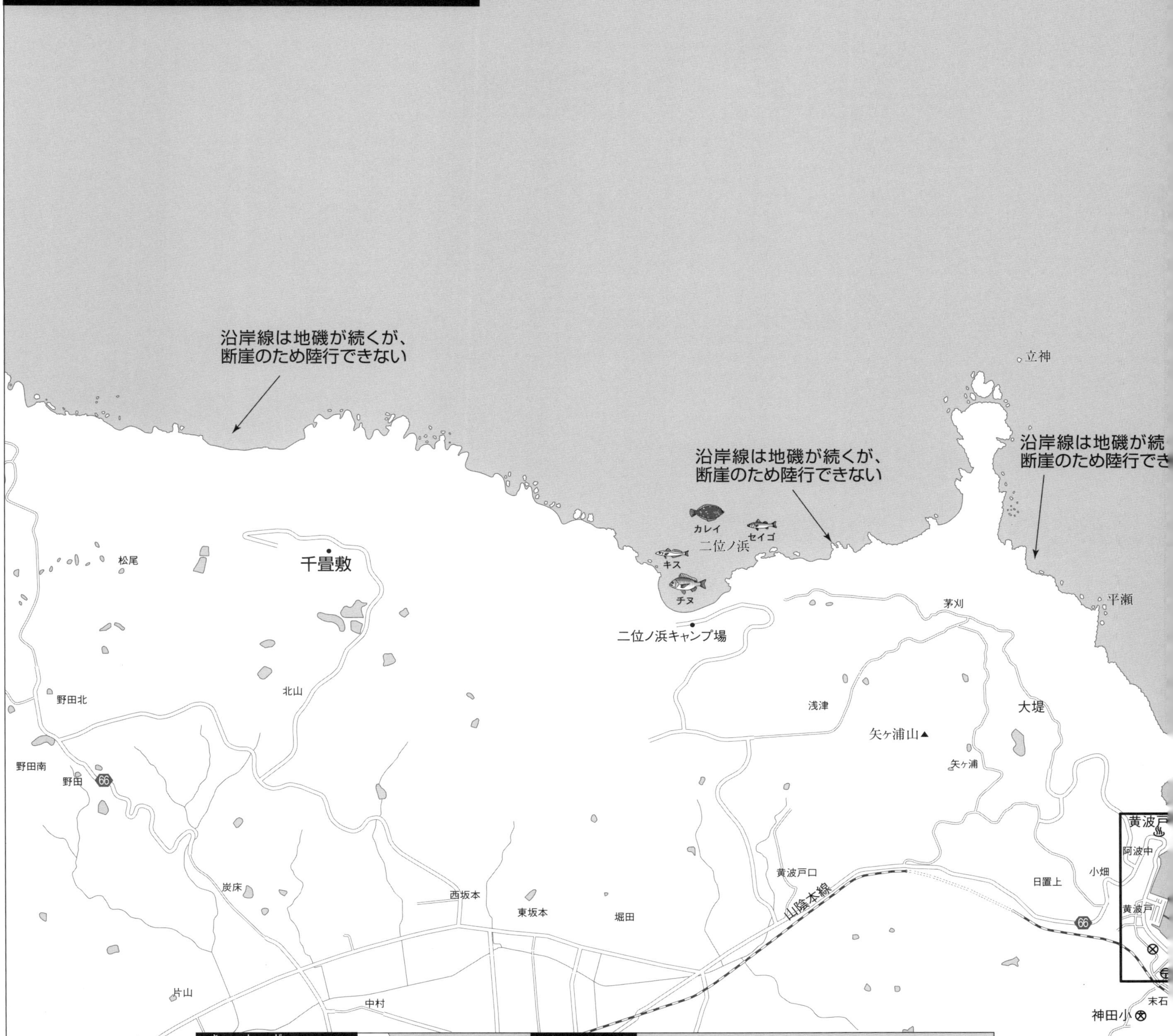

沿岸線は地磯が続くが、
断崖のため陸行できない
沿岸線は地磯が続くが、
断崖のため陸行できない
沿岸線は地磯が続
断崖のため陸行でき
立神
カレイ
セイゴ
二位ノ浜
キス
チヌ
千畳敷
松尾
二位ノ浜キャンプ場
茅刈
平瀬
野田北
北山
浅津
大堤
矢ヶ浦山
矢ヶ浦
野田南
野田
66
黄波戸口
日置上
小畑
阿波中
黄波戸
炭床
西坂本
東坂本
堀田
山陰本線
片山
中村
末石
神田小
長行
国常
日置下
長門市
191

黄波戸《きわど》漁港

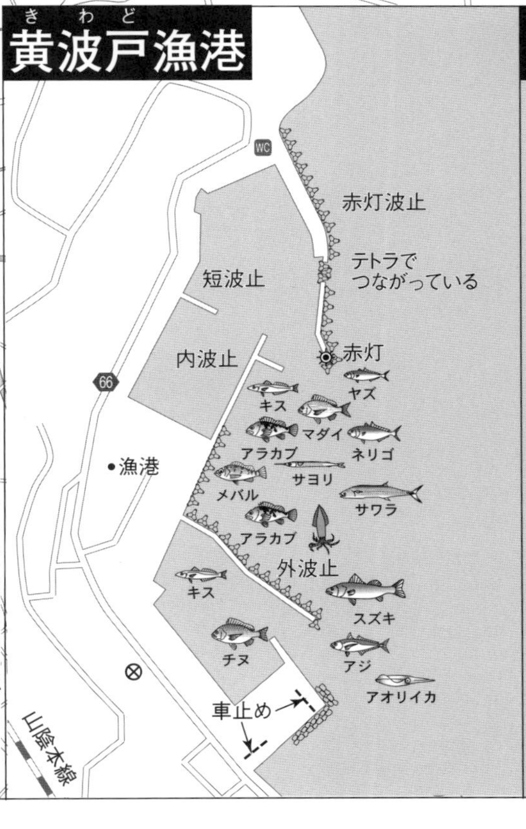

WC
赤灯波止
テトラで
つながっている
短波止
内波止
赤灯
ヤズ
キス
マダイ
ネリゴ
アラカブ
サヨリ
メバル
サワラ
アラカブ
外波止
キス
スズキ
チヌ
アジ
アオリイカ
車止め
漁港
66
山陰本線

南端の岸壁は広く、釣り禁止の告知もないが、車での進入はできない。一帯の水深は浅めなので、ほかに釣り座を定めるほうが無難。規模は大きく、釣り座に困ることはない。赤灯波止はテトラが重層的に投入されており、なおかつ途中はテトラを伝って先端に行くことになるから釣りはしないほうが無難。ここでのメインは内波止になる。内波止とはいえ、水深があるから潮の動くタイミングにしっかり釣れば期待はできる。たまにマダイがあがる。

湊《みなと》漁港

赤灯
タチウオ
アジ
アオリイカ
メバル
外波止
チヌ
スズキ
アオリイカ
メバル
カレイ
メバル
赤灯波止
アジ
コウイカ
内波止
キス
チヌ
アジ
フェンスあり
キス
コウイカ
サヨリ
漁協
卍佛言寺
湊一東区
56
長門税務署
湊一西区
湊三区

深川湾奥に位置する。赤
止から釣りたいところだが、
はフェンスがあり、進入でき
人気があるのは外波止だ
とんどにテトラがあるので釣
は限られる。内波止とはい
げ潮のタイミングに釣れば、
アオリイカ、アジ、スズキの
が望める。また、タチウオ、
イカもねらえる。

飯井の波止

穴場。浜に一本の石積み波止と河川の導流堤があるだけのこじんまりとした釣り場だが、キス、メバル、アオリイカに加えてヒラメがねらえる。浜の東側は砂浜であるのに対し、西側は砂利浜と表情を変える。そんなことが魚種の豊富さに結びついている。アクセスする道路は広いとはいえないため、軽やコンパクトカーがベスト。

ロックフィッシュゲームがおすすめ

沿岸は地磯が続くが、断崖のため陸行できない

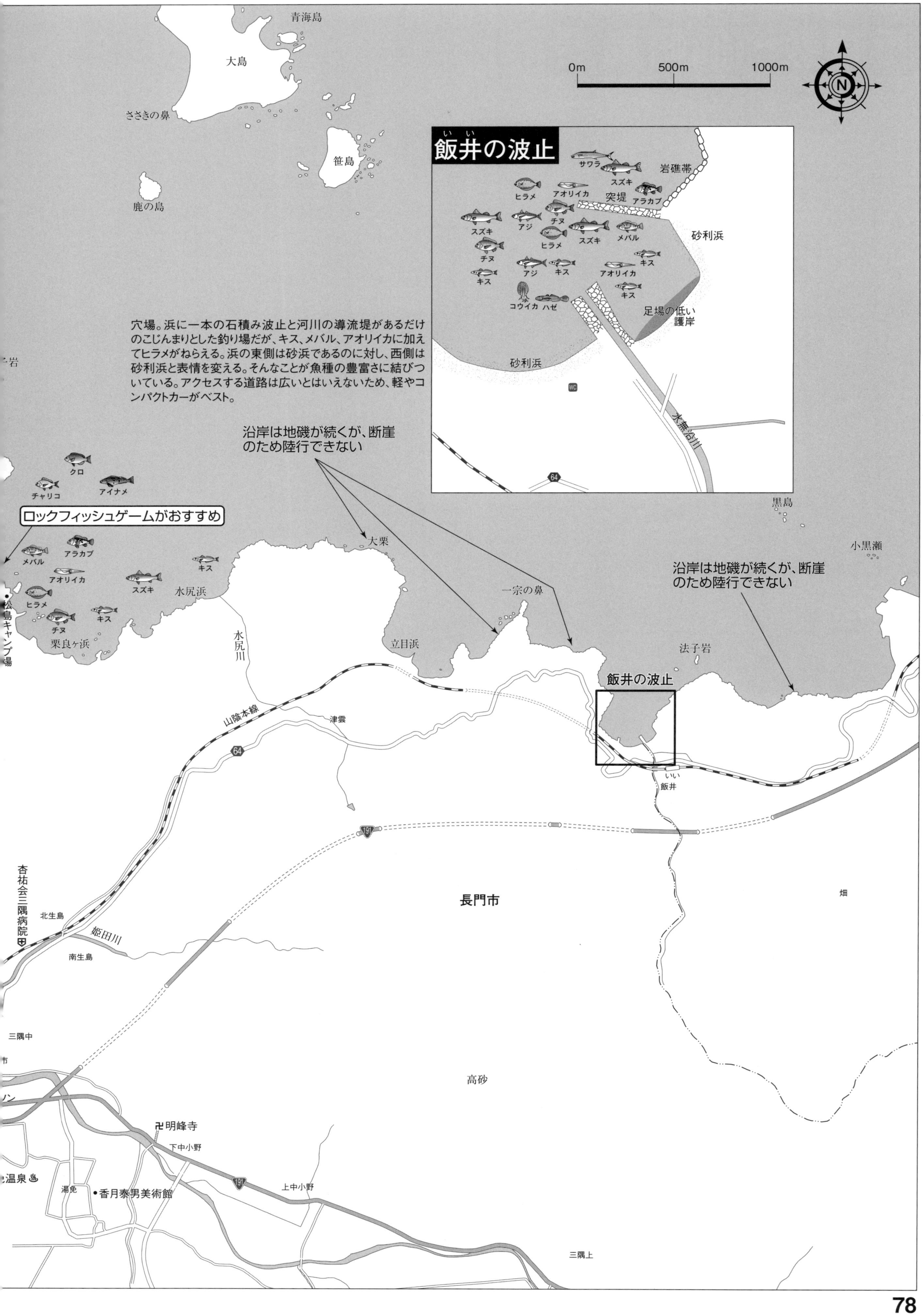

白潟漁港〜飯井

野波瀬漁港

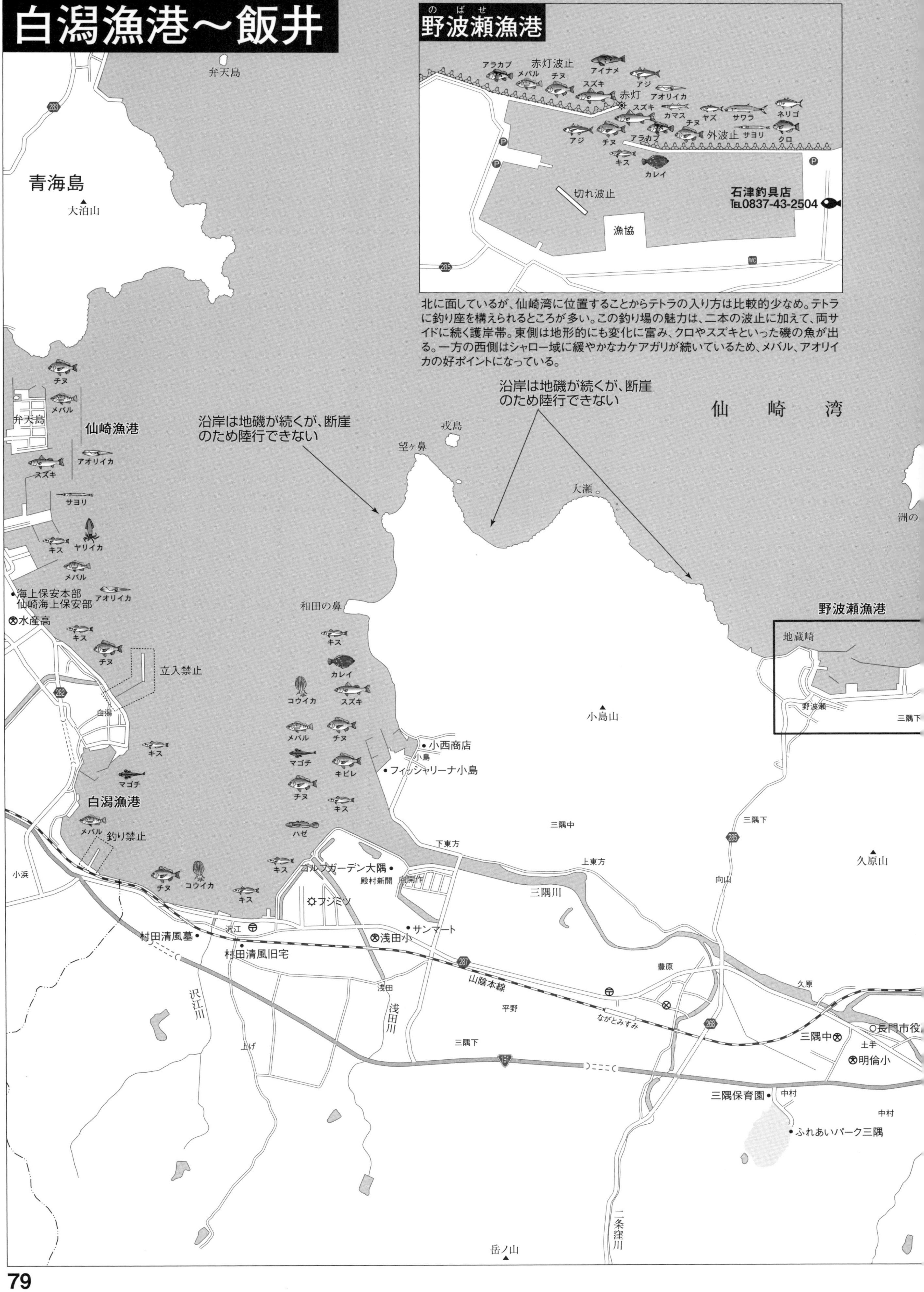

北に面しているが、仙崎湾に位置することからテトラの入り方は比較的少なめ。テトラに釣り座を構えられるところが多い。この釣り場の魅力は、二本の波止に加えて、両サイドに続く護岸帯。東側は地形的にも変化に富み、クロやスズキといった磯の魚が出る。一方の西側はシャロー域に緩やかなカケアガリが続いているため、メバル、アオリイカの好ポイントになっている。

石津釣具店
TEL 0837-43-2504

『九州海釣りドライブマップ』シリーズについてのお断り

『九州海釣りドライブマップ』各刊の情報は、さまざまな事情により、作成時のデータと現状が異なっている場合があります。本書の内容につきましては、刊行以来、重版の度に努めて新たな情報を更新するように心がけておりますが、現場での釣りの可否を含め、あらかじめ本書に記載された情報のすべてを保証するものではありません。万が一、目的の場所が釣り禁止等になっていた場合には、必ず現場の情報・指示に従ってください。

九州海釣りドライブマップ
国東〜北九州〜下関・山陰

2013年　11月1日　初版発行
著　者　　つり人社出版部
発行者　　鈴木康友
印刷所　　図書印刷株式会社
発行所　　株式会社つり人社
東京都千代田区神田神保町1-30-13　〒101-8408
TEL.03-3294-0781　FAX03-3294-0783
振替00110-7-70583

乱丁・落丁などありましたらお取り替えいたします。
ISBN978-4-86447-040-7　C2075
Ⓒ Tsuribitosya Syuppanbu 2013. Printed in Japan

本書の内容の一部、あるいは全部を無断で複写、複製（コピー）することは、法律で認められた場合を除き、著作者および出版社の権利の侵害になりますので、必要な場合は、あらかじめ小社あてに許諾を求めてください。

【追記……改正SOLAS条約に伴う立ち入り禁止区域について】
　平成16年7月1日から、「国際航海船舶及び国際港湾施設の保安の確保等に関する法律（国際船舶・港湾保安法）」が施行されました。同法律は、IMO（国際海事機関）における改正SOLAS条約（海上人命安全条約）を受けたもので、国際航海船舶や国際港湾施設に自己警備としての保安処置を義務付けたり、外国から日本に入港しようとする船舶に船舶保安情報の通達を義務付け危険な船舶には海上保安庁が入港禁止等の措置を行えるようにした内容となっています。これにより、国際航海船舶及び国際港湾施設の所有者等は保安規定の承認等の手続きを受ける必要があるため……（国土交通省HPより）。
　承認を受けた施設所有者はフェンス等の設置など保安措置が義務付けられ、当該地域への一般人の立ち入りは禁止となります。本書では承認が確認された区域には、各左頁下にその旨を記しました。釣行の際には、事前に最寄りの釣具店や国土交通省のHP（http://www.mlit.go.jp/kowan/port_security/00.html）等にて承認箇所（立ち入り禁止区域）をご確認ください。

●本書に掲載した釣り場の状況、立ち入り禁止の規定は随時変更されることがありますので、ご了承ください。
●釣り場では必ずライフジャケットを着用し、くれぐれも事故のないよう、自己責任にて安全第一を心がけましょう。